JOHN STUART MILL:
APONTAMENTOS CRÍTICOS ÀS RELAÇÕES ENTRE PROPRIEDADE, LIBERDADE E PODER POLÍTICO

Ronaldo Gaspar

ISBN-13: 978-1500100070

Para minha mãe, Maria Emiliana,

uma trabalhadora que, em meio a muitas privações e

sofrimentos, criou, com muito amor e dedicação, seis filhos.

Te amo.

RONALDO GASPAR

AGRADECIMENTOS

Em qualquer produção intelectual, dívidas são contraídas. No caso do livro em questão, gostaria de agradecer àquelas pessoas que dedicaram um pouco de seu tempo e, assim, contribuíram para melhorar a argumentação e a forma do texto, sem que, com isso, tenham qualquer responsabilidade pelas deficiências que porventura ele possa conter.

Sendo assim, em momentos muito diversos da elaboração textual, Miguel Chaia, Tânia Fernandes, Vânia Noeli, Danilo Amorim e Eliel Machado foram importantes para que, da proposição do tema à publicação final, essa pequena obra viesse à luz.

Um abraço a todos.

RONALDO GASPAR

JOHN STUART MILL

SUMÁRIO

RONALDO GASPAR

PREFÁCIO

A queda do muro de Berlim e a *débâcle* da ex-URSS, no final dos anos 1980 e início dos 1990, foram comemoradas por muitos liberais nos quatro cantos deste planeta. Regada a *champagne* e caviar, esta "festa" entusiasmou muitos "intelectuais" que, animados pelo fim do bloco soviético, não tardaram em anunciar o "fim da história". Para estes, tratava-se da vitória irrefutável do capitalismo sobre o "comunismo" que passaria a reinar livremente em praticamente todo o globo, cujos conflitos assumiriam, a partir de agora, o contorno dos "choques de civilizações" (mundo ocidental capitalista desenvolvido *versus* mundo oriental atrasado) e não mais das revoluções socialistas, a exemplo da soviética, chinesa, vietnamita, cubana etc. Nesta perspectiva, os anos 1990 testemunharam o fim das classes e da luta de classes.

O leitor deve estar se perguntando qual a relação desses acontecimentos com um livro dedicado ao pensamento político de um autor do século XIX, que, no máximo, presenciou ou tomou conhecimento das revoluções de 1848 e 1871 (Comuna de Paris). A rigor, o leitor tem razão, pois não há uma relação direta. Por outro lado, quando Fukuyama anunciou o "fim da história" e Huntington, por sua vez, um dos mentores da chamada nova direita norte-americana, o "choque de civilizações", para mim torna-se impossível não nos lembrarmos da tarimba de um John Stuart Mill que, comparado a estes liberais funcionais, é qualitativamente mais sofisticado. Ou seja, nos limites de sua produção teórica, ao procurar conciliar a burguesia e o proletariado – para usarmos os termos do *Manifesto do partido comunista*, de Marx e Engels –, ele está, no fundo, admitindo a existência das classes e da luta de classes. Em sua perspectiva, portanto, via na conciliação de classe a saída para os conflitos do capitalismo. Mesmo que discordemos de Mill – e há muitas razões para isso –, é preciso reconhecer os seus méritos intelectuais. Neste sentido, trata-se de um interlocutor liberal importante dentro e fora das universidades.

O livro que ora se apresenta ao leitor tem exatamente o mérito de reconhecer a importância política e teórica de um liberal do século XIX sem, no entanto, se deixar levar pela simples exaltação positiva de suas possíveis contribuições, como é muito comum no meio acadêmico. Ao contrário, Ronaldo Gaspar, com maestria e habilidade que lhes são peculiares, aponta criticamente o lugar que Mill ocupou nos debates em torno da questão da propriedade, do poder e da liberdade, temas bastante controversos e delicados. Ao longo do texto, o leitor vai não só "construindo" ou aprimorando o seu conhecimento sobre Stuart Mill, como também desanuviando os tortuosos caminhos da sua elaboração teórica – em diversos momentos, cotejada às formulações de Marx.

É bom que se diga, no entanto, que Marx não aparece aqui simplesmente pelo peso de sua "autoridade" intelectual no campo da economia política, da sociologia, da filosofia ou de qualquer outra área de conhecimento. Mais do que isso, aparece como um forte contraponto às proposições de Mill que, muitas vezes, parecem-nos beirar certa ingenuidade política ao querer conciliar o irreconciliável. Sobre este ponto, ninguém melhor do que o pensador alemão para desmistificar tal ideia pela própria natureza das relações capitalistas: a burguesia só acumula capital porque extorque o sobretrabalho do trabalhador assalariado, ainda que esta relação transpareça, no mercado de trabalho, como troca entre equivalentes. Por meio desta troca, estabelece-se uma relação que é essencialmente desigual e fundamental para a acumulação burguesa.

Com um texto rigoroso e instigante do início ao fim, este livro é uma importante contribuição teórica não só para conhecermos o pensamento político de John Stuart Mill como também, indiretamente, o de Karl Marx.

Boa leitura!

Eliel Machado
Universidade Estadual de Londrina

RONALDO GASPAR

INTRODUÇÃO

John Stuart Mill[1], para muitos o mais importante pensador liberal do século XIX e um dos clássicos liberais de todos os tempos, produziu obras em inúmeras áreas do conhecimento, tais como filosofia, economia, política e religião. Sobejamente conceituado como filósofo e economista, suas obras sobre política parecem ser aquelas que produziram os efeitos mais duradouros. Nesta área, Stuart Mill desenvolveu algumas de suas mais importantes e influentes reflexões, arrematando o liberalismo inglês com os ecos da admiração (e do pavor) pelo movimento operário e pelo comunismo, o que fez com que muitos o classificassem como um *reformador social*.

Percorrendo um caminho teórico que, sob alguns aspectos, foi inverso ao da maioria dos outros liberais de sua época – embora, a bem da verdade, o tenha feito de um modo tão contraditório quanto a própria época em que viveu –, Stuart Mill transitou de uma posição liberal clássica a uma liberal reformista. Nesse percurso, explorou e desenvolveu alguns aspectos heterodoxos do liberalismo político, aproximando-se mesmo de algumas ideias socialistas. Suas ideias econômicas, no entanto, desde a publicação de seus *Princípios de economia política*,

---

[1] "John Stuart Mill (1806-1873) foi o filósofo inglês que melhor expressou as ideias políticas, sociais e culturais do liberalismo inglês" (Schapiro, 1965: 63).

em 1848, permaneceram essencialmente as mesmas. Segundo o próprio Mill, nos anos 1850, "as únicas mudanças substanciais de opinião que ainda estavam por ocorrer em mim relacionavam-se com a política" (Mill, 2007: 166). Dentre suas contribuições intelectuais, seus admiradores consideram que Mill teria incorporado e renovado os princípios utilitaristas de Jeremy Bentham, contribuído com inovações no pensamento econômico, afirmado de modo intransigente a liberdade individual, defendido peremptoriamente a emancipação das mulheres e efetuado notórias propostas de reforma social. Sendo, estas últimas, não somente o resultado de influências do pensamento socialista sobre ele, mas, também, a expressão da sensibilidade própria de um pensador com pendores humanistas e que viveu numa Inglaterra assolada pela pobreza massificada e por todos os seus devastadores efeitos sociais e individuais.

Nas últimas décadas, em que situações socioeconômicas, políticas e ideológicas paradoxais têm provocado massiva desorientação e perplexidade entre os produtores e seus representantes políticos e ideológicos, seu pensamento tem sido revalorizado. Distante, porém, das imaturas contradições do capital e do frescor das forças sociais nascentes e suas aspirações emancipatórias, a natureza do paroxismo atual, sob formas e matizes diversos, radica na pletora de contradições acumuladas e custosamente procrastinadas pelo capital em sua insaciável reprodução ampliada e, tragicamente, nas múltiplas debilidades da esquerda em entender e orientar ações políticas e sociais rumo ao comunismo e à emancipação humana. Sinteticamente, enquanto as crises econômica, social, ambiental, cultural etc. expressam o profundo estranhamento e reificação da vida social matrizada pelo capital (ambiente em que a polimorfa miséria humana contrasta, mais do que nunca, com o policromatismo da tecnociência e seu mundo de objetos inteligentes), o comunismo, não como ideal ético e social de um futuro distante, mas como possibilidade societária real (isto é, gestada e maturada no curso de desenvolvimento do próprio capital), não mais norteia as ideias e as ações dos dirigentes e intelectuais dos movimentos e instituições do trabalho com o fito de canalizar as insatisfações e mobilizar os produtores em ações voltadas para a transformação radical do sociometabolismo vigente. Assim, ainda que o liberalismo – mais ou menos ortodoxo – continue a ser a bússola orientadora das ideias políticas e econômicas prevalecentes, não são as famosas reflexões de Mill sobre os fundamentos e os limites da liberdade que, por ora, mais conquistam adeptos; tal adesão advém, principalmente, de seus apontamentos reformistas e socialistas, os quais parecem orientar um caminho societário alternativo à *débâcle* do "comunismo" e à incapacidade do capitalismo em resolver os problemas sociais[2].

---

[2] No Brasil, os principais entusiastas desse aspecto do pensamento de John Stuart Mill atualmente são os fomentadores das ideias e práticas da chamada Economia Solidária, cujo principal teórico é o economista Paul Singer. E é justamente Singer que, na introdução aos *Capítulos sobre o socialismo*, de Mill, afirma que este livro é "de enorme interesse para os socialistas de hoje, sobretudo pela forma inovadora com que combina liberalismo e socialismo" (Singer *in* Mill, 2001: 35). Numa vertente teórica distinta, o jurista Celso Lafer considera que "a convergência progressista de liberalismo e socialismo, que Stuart Mill emblematiza, está na ordem do dia, porque, ao representar um empenho concomitante na tutela dos valores de liberdade e de

Seja, então, pela reconhecida importância de suas ideias ou, sobretudo, pelos motivos de sua mais recente valorização, o objetivo primordial deste artigo é o entendimento do *modo* como Stuart Mill enfrentou uma árdua – e, segundo Marx, *ab origine* fracassada – tarefa conciliatória no âmbito da política: a conciliação das classes e forças sociais que emergiram no esteio do desenvolvimento do capitalismo industrial, e que, com as revoluções de 1848, explicitaram (e reconheceram) o antagonismo de seus interesses. Mais especificamente, nosso escopo primordial é analisar tanto o *modo* como, em suas reflexões sobre a propriedade privada, o poder político e a liberdade, o pensador inglês *atualizou* os postulados do liberalismo clássico frente aquela tarefa quanto, ainda, a própria *consistência* desta atualização.

*

Pela natureza da reflexão aqui desenvolvida, deveríamos destacar, do conjunto de suas obras, aquelas eminentemente políticas. Primordialmente constituídas por *Sobre a liberdade*[3] (*On liberty*, 1859), *Considerações sobre o governo representativo* (*Considerations on representative government*, 1861), *A sujeição das mulheres* (*The subjection of women*, 1869) e *Capítulos sobre o socialismo* (*Chapters on socialism*, 1879, ed. póstuma), tais obras, no entanto, não formam um corpo autárquico de ideias, mas estão intimamente articuladas às filosóficas e econômicas – com as principais destas sendo, inclusive, cronologicamente precedentes àquelas.

---

igualdade, não se satisfaz apenas com a conquista da liberdade, mas exige a preocupação constante com as condições igualitárias de sua realização" (Lafer, 1991: 67).

[3] Pelo próprio autor, esta era considerada sua obra mais duradoura, "com a possível exceção do *Sistema da lógica*" (Mill, 2007: 209-10).

E mais, pode-se discutir acerca da qualidade teórica das respectivas partes dos escritos de Stuart Mill ou sobre uma possível ruptura estrutural correspondente às respectivas fases de juventude e maturidade (Himmelfarb, 1974). Todavia, é inquestionável que, às vezes desenvolvidas, outras *in nuce*, muitas ideias contidas nas obras supracitadas podem ser encontradas naquela que é considerada sua *magnum opus* econômica, *Princípios de economia política* (*Principles of political economy*, 1848). E isto não apenas porque nela há capítulos inteiros dedicados à análise de vários aspectos das relações entre economia e política, mas, também, devido às inúmeras modificações sofridas em suas várias edições, as quais acabaram por lhe conferir um elevado *status* político e a tornaram uma obra de grande interesse também nesta área. Por isso, aqui, ela ocupará um papel de destaque.

Enfim, para iniciar essa reflexão, vamos fazer uma rápida incursão no contexto histórico em que Mill desenvolveu suas ideias, pois, sobretudo em política, elas visaram enfrentar dilemas prementes em sua época.

1. A ÉPOCA

Nas últimas décadas do século XVIII, homens de todos os cantos da Europa e do mundo foram testemunhas de acontecimentos socioeconômicos e políticos que alteraram de maneira dramática e radical o curso da história europeia e mundial. Sob o protagonismo de ingleses e franceses, a Revolução Industrial e a Revolução Francesa transformaram os nossos modos de produzir, viver e pensar nas esferas mais diversas da vida social[4]. Com elas, fábricas, máquinas, *fog* e trabalhadores acinzentados pelo carvão tornaram-se sinônimos de cidades como Manchester, Londres e Liverpool, assim como *sans-cullotes*, guilhotina e assembleia passaram a evocar os acontecimentos coetâneos em Paris, Lyon e Marseille.

Em seu cortejado *A era das revoluções*, Hobsbawm nos lembra que, nessa época, da Europa à América, diversos países tiveram suas estruturas econômicas e políticas abaladas ou transformadas por movimentos revolucionários, mas somente a Revolução Francesa, "diferentemente de todas as revoluções que a precederam e a seguiram, [foi] uma revolução *social* de massas, e incomensuravelmente mais radical do que qualquer levante comparável" (Hobsbawm, 2006: 85), provocando enormes mudanças objetivas em todos os campos. O fato é tão notório que mesmo um historiador conservador como J. L. Talmon ressalta que, no âmbito ideológico-cultural, "a própria possibilidade de tão vasta e repentina transformação foi extraordinária e avassaladora ideia para homens acostumados a uma existência tradicionalmente estática" (Talmon, s/d.: 11). Ela foi a única revolução a espraiar seus efeitos até os mais distantes rincões da América Latina e do Oriente. Com ela, muito mais do que nomes de importantes personagens da história política francesa, Robespierre,

---

[4] Pode-se dizer que "Não houve ninguém, das esquerdas, das direitas ou do centro, que não estivesse convencido de que as forças desencadeadas pelas duas revoluções (...) estavam impelindo o mundo, irresistivelmente, para frente, numa senda de tremendas mudanças" (Talmon, s/d.: 11).

Danton, Saint-Just e Marat tornaram-se sinônimos de revolucionários, assim como girondinos e jacobinos passaram a qualificar ideias, movimentos e comportamentos políticos admirados ou odiados em todo o mundo. Sua influência foi de tal ordem que, no século seguinte, as lutas políticas entre classes e estados ocorreram, em larga medida, sob a roupagem de simpatizantes e opositores dos ideais e dos resultados da revolução, sobretudo dos frutos da república jacobina[5].

Se, porém, a Revolução Francesa foi um vendaval político pleno de embates públicos de ideias que, denotando elevado grau de consciência dos sujeitos envolvidos, visavam orientar o fluxo dos acontecimentos com seus objetivos essenciais amplamente delineados, o mesmo não se pode dizer da Revolução Industrial. Nesta, não foram objetivos coletivos conscientemente partilhados que orientaram as ações dos indivíduos; ela se constituiu numa pletora de circunstâncias socioeconômicas que, no âmbito dos interesses capitalistas individuais, assumiram a forma de investimentos em novos meios de produção (maquinaria) e organização dos processos produtivos que potencializaram a exploração do trabalho e a

---

[5] Ampla participação política e mobilização das massas populares, sufrágio universal masculino, direito de insurreição, trabalho e subsistência e abolição – sem indenização – dos direitos feudais e da escravidão nas colônias foram alguns desses frutos jacobinos. Por isso, diz-nos Hobsbawm (2006: 159), "evitar uma segunda Revolução Francesa, ou ainda a catástrofe pior de uma revolução europeia generalizada tendo como modelo a francesa, foi o objetivo supremo de todas as potências que tinham gasto mais de 20 anos para derrotar a primeira; até mesmo os britânicos /.../ temiam uma nova expansão franco-jacobina mais do que qualquer outra contingência internacional".

acumulação de capital[6]. Por meio dela, forças humanas e materiais despertadas e mobilizadas fizeram com que a bela e promissora nação de Bacon, Shakespeare e Cromwell se tornasse o acinzentado e grandioso império de James Watt, Richard Arkwright e da Rainha Vitória – isto é, a maior potência econômica e política do século XIX. Em síntese, a Revolução Industrial foi um acontecimento de tal importância que, nas palavras de Eric Hobsbawm, "sem ela não podemos entender o vulcão impessoal da história sobre a qual nasceram os homens e acontecimentos mais importantes de nosso período e a complexidade desigual de seu ritmo" (2006: 50). Sob seus influxos, a Inglaterra elevou-se à condição de "oficina do mundo" e, com isso, as mercadorias e capitais ingleses sobrepujaram aos de outras nacionalidades e invadiram todos os cantos do planeta, produzindo uma situação segundo a qual,

> Com o rápido aperfeiçoamento dos instrumentos de produção e ao constante progresso dos meios de comunicação, a burguesia [sobretudo a inglesa] arrasta para a torrente de civilização todas as nações, até mesmo as mais bárbaras. Os baixos preços de seus produtos são a artilharia pesada que destrói todas as muralhas da China e obriga à capitulação os bárbaros

---

[6] Quanto a isso, cabe recordar que, como todo desenvolvimento das forças produtivas, a maquinaria permitiu o aumento da produtividade do trabalho, ou seja, a produção de mais riquezas materiais (maior quantidade de valores de uso) por trabalhador em frações de tempo cada vez mais curtas. No entanto, apesar deste efeito direto sobre as capacidades produtivas humanas, deve-se compreender que, *como capital*, a maquinaria não é utilizada com o objetivo de aliviar o produtor do trabalho excessivo, ao contrário, o é com o objetivo de aumentar a produção de mais-valia, ou seja, de ampliar a jornada de trabalho excedente. "Ela é meio de produção de mais-valia". (Marx, 1985(II): 7).

mais tenazmente hostis aos estrangeiros. Sob pena de ruína total, ela obriga todas as nações a adotarem o modo burguês de produção, constrange-as a abraçar o que ela chama civilização, isto é, a se tornarem burguesas. Em uma palavra, cria um mundo à sua imagem e semelhança (Marx, Engels, 1998: 44).

Devido ao pioneirismo e à pujança de seu capitalismo manufatureiro e industrial, o poder econômico, político e militar adquirido pela burguesia inglesa fora tão grande que, nos séculos XVIII e XIX, até mesmo os Estados das mais populosas e temidas civilizações milenares, a indiana e a chinesa, tornaram-se vassalos da Coroa Britânica. No entanto, ao mesmo tempo em que seu poderio e riqueza causavam alvoroço e espanto mundo afora, em sua própria terra natal a miséria grassava como nunca tinha ocorrido anteriormente, produzindo, sobretudo nas cidades industriais, um cenário humano de tamanha degradação que chegava a causar nostalgia dos andarilhos e ladrões maltrapilhos que povoaram as aldeias, florestas e estradas inglesas na época dos cercamentos (*enclousures*). Por conta disso, assim como da repercussão dos ideais políticos oriundos das terras do outro lado do Canal da Mancha, o proletariado inglês, além de suas greves e arroubos ludditas, organizou-se em associações de auxílio mútuo, sindicatos etc., assim como num movimento de amplas proporções e de reivindicações de caráter social e político, o Cartismo[7].

---

[7] O Cartismo foi o "primeiro movimento revolucionário de massas na história da classe operária de Inglaterra nos anos 30-40 do século XIX. Os participantes no movimento publicaram a *Carta do Povo* e lutavam pelas reivindicações nela apresentadas: sufrágio universal, revogação da exigência de ser proprietário de terras para ser eleito

Se, em fins dos anos 1830-40, as indústrias dos países do continente ainda não assombravam a potência anglo-saxônica[8], era das ousadas ações dos proletários nacionais que emanavam os temores dos burgueses das terras da Rainha[9]. Na Europa continental, mesmo sem a robustez industrial britânica, os proletários também haviam se tornado uma ameaça à *pax* social, pois, além de colherem os frutos do jacobinismo, que os tornou conscientes das potencialidades da ação político-revolucionária, aprendiam rapidamente com seus congêneres d'além mar, cujas vidas explicitavam como

---

deputado ao Parlamento etc. Por todo o país, durante vários anos, realizaram comícios e manifestações, nos quais participaram milhares de operários e artesãos. O Parlamento inglês recusou-se a ratificar a *Carta do Povo* e rejeitou todas as petições dos cartistas. O governo reprimiu cruelmente os cartistas e prendeu os seus dirigentes. O movimento foi esmagado, mas a influência do cartismo sobre o desenvolvimento do movimento operário internacional foi muito grande". (Dicionário Político. *Marxists Internet Archive*. In: «http://www.marxists.org/portugues/dicionario/verbetes/c/cartistas.htm»).

[8] Em 1848, o comércio da Grã-Bretanha "era duas vezes superior ao de seu competidor mais próximo, a França, e apenas em 1780 a havia ultrapassado. Seu consumo de algodão era duas vezes superior aos dos EUA, quatro vezes superior ao da França. Produzia mais da metade do total de lingotes do mundo economicamente desenvolvido e consumia duas vezes mais por habitante do que o segundo país mais industrializado (a Bélgica), três vezes mais que os EUA, e quatro vezes mais que a França..." (Hobsbawm, 2006: 82).

[9] E mesmo que, apesar de seu constante crescimento, o proletariado ainda não constituísse a classe mais numerosa dos países europeus, sua importância social e política já era forte e ascendente nas décadas de 1830-40. Como diz (Talmon, s/d.: 21), "As suas miseráveis existências e intermináveis horas de tarefa, o trabalho das crianças, a doença, o desemprego, a insegurança e a degradação geral; a desesperada luta dos tecelões e fiandeiras para competir com a máquina – tudo isto constituía uma série de fatos mais largamente espalhados do que permitia a proporção numérica dos proletários em relação ao conjunto da população".

"os males da industrialização contradiziam, de modo flagrante, as expectativas e as reivindicações criadas por esta transformação" (Talmon, s/d.: 21). Com isso, especialmente franceses e alemães, produziam associações, importantes mobilizações políticas e/ou empreendimentos teóricos socialistas/comunistas (utópicos)[10], impulsionando as forças revolucionárias na luta de classes e, contraditoriamente, o recrudescimento das forças conservadoras[11]. Todo esse complexo de acontecimentos socioeconômicos, políticos e culturais, insuflados e permeados pela insatisfação de *frações* da pequena e da média burguesia que almejavam partilhar diretamente do poder político – e que, para isso, incentivavam e adensavam as fileiras dos movimentos democráticos –, culminaram na *Primavera dos povos*, cujo epicentro fora a cidade de Paris. Nestes acontecimentos, o proletariado, pela primeira vez, emergiu com autonomia intelectual e política e alterou de modo irreversível o curso da luta de classes nas sociedades burguesas, consumando aquilo que, no *Manifesto comunista*, Marx e Engels haviam anunciado semanas antes da irrupção revolucionária, a saber, o

---

[10] Lembremos a admiração de Marx pelas críticas de Fourier, Owen e, até mesmo, de Proudhon à sociedade burguesa. E, também, sua afirmação de que os escritos de Weitling representaram uma "formidável e brilhante estreia literária dos operários alemães" (Marx, 1987: 516) na produção teórica socialista.

[11] Cujo acontecimento culminante foi o massacre de operários e populares nas ruas de Paris, em junho de 1848. Como consequência da instabilidade política aí originada, a França viveu, três anos depois, o golpe de estado que levou Luís Bonaparte ao governo (1851). Os livros clássicos acerca do assunto são *Luta de classes na França* e *O dezoito Brumário de Luís Bonaparte*, ambos de Karl Marx.

reconhecimento do comunismo como força por "todas as potências da velha Europa" (1998: 39).

Se, *na prática*, o proletariado provocou o primeiro abalo revolucionário dos alicerces da sociedade burguesa, na *esfera das ideias*, a mais importante consequência de sua emersão ameaçadora foi a inequívoca falência do espírito científico da burguesia em relação ao pensamento social, sobretudo na economia política[12]. Nas palavras de Marx,

> "Ela [a luta de classes] fez soar o sino fúnebre da economia científica burguesa. Já não se tratava de saber se este ou aquele teorema era ou não verdadeiro, mas se, para o capital, ele era útil ou prejudicial, cômodo ou incômodo, subversivo ou não. No lugar da pesquisa desinteressada entrou a espadacharia mercenária, no lugar da pesquisa científica imparcial entrou a má consciência e a má intenção da apologética" (Marx, 1985: 17).

Profundamente consciente dessa encruzilhada histórica, o pensador alemão, de modo preciso, chamou a atenção para os dois caminhos trilhados pelos intelectuais e, portanto, porta-vozes da classe burguesa (isto é, aqueles intelectuais que não incorporaram de modo progressista e revolucionário as conquistas teóricas e práticas do período em questão, mas ficaram circunscritos aos limites ideológicos desta classe social). No primeiro deles, sicofantas e apologistas desavergonhados dos interesses dominantes "juntaram-

---

[12] "Nos espíritos esclarecidos, a economia política tomara o lugar ocupado pela física um século atrás, e, de modo particular, nenhum assunto era mais discutido nas décadas de 1830 e 1840 do que a questão social" (Talmon, s/d.: 21).

se sob a bandeira de Bastiat, o mais superficial e, por isso mesmo, o mais bem-sucedido representante da economia apologética vulgar" (Marx, 1985: 18). No segundo caminho, encontra-se um grupo de indivíduos que, mais "ciosos da catedrática dignidade de sua ciência, seguiram John Stuart Mill na tentativa de reconciliar o irreconciliável" (Marx, 1985: 18).

Cabe, aqui, sublinhar que esta tentativa "reconciliação" emergiu num contexto histórico bastante conflituoso, no qual não só o socialismo, mas a própria ascensão das massas populares (e suas opiniões) à vida política/pública constituía uma clamorosa ameaça aos interesses e privilégios da classe burguesa. Um contexto em que as ideias que deram sustentação à ascensão e à consolidação da sociedade burguesa foram fortemente questionadas e as revoluções tornaram-se reais ameaças à ordem recém-estabelecida – e, portanto, a alguns de seus elementos essenciais[13], tais como a propriedade privada, o estado político[14] e certas formas e acepções de liberdade.

Talvez, ao refletir sobre como Mill conceituou e analisou as relações entre propriedade, política e liberdade – aspectos essenciais (e polêmicos) da

---

[13] Dados os traços ontológicos específicos da vida social, as transformações não são fenômenos naturais e *absolutamente* inconscientes. Isso explica porque "Uma transformação básica nas relações de classe requeria agora [século XIX], tal como requerera no final do século XV, uma revolução na ideia de propriedade, portanto, na ideia de que o estado é o seu guardião, pois só assim a revolução poderá ser eficaz na alteração do caráter das forças de produção" (Laski, 1973: 175).

[14] N'*A questão judaica*, Marx utiliza o termo estado político para designar os estados daqueles países em que já realizaram a emancipação política.

sociedade burguesa – no enfrentamento daquela tarefa reconciliatória, possamos encontrar algumas pistas para entender melhor aqueles que, num contexto bastante diverso, o tomam como referência para enfrentar os dilemas de nossa época.

2. Propriedade: Fato e Direito

Na sociedade burguesa, e mesmo seus mais simplórios intérpretes sabem disso, a propriedade privada (de bens materiais) é uma instituição tão essencial que, na teoria jurídica e na prática policial, a garantia desse direito tem se demonstrado muito mais importante do que o direito à vida, à liberdade e à segurança[15]. Mesmo Rousseau, um dos mais heterodoxos representantes da tradição liberal e um pensador bastante crítico dos efeitos perversos da instituição da propriedade privada (cf. Rousseau, 1978: 259), tem esta como direito primordial. Segundo ele,

> É certo que o direito à propriedade é o mais sagrado de todos os direitos da cidadania, e, sob certos aspectos, ainda mais importante do que a própria liberdade, ou porque afeta mais de perto a preservação da vida ou porque, como a propriedade é mais facilmente usurpada e mais difícil de defender do que a vida, a Lei deveria dar maior atenção ao que pode ser mais facilmente tomado. Ou ainda, finalmente, porque a propriedade é o fundamento da sociedade civil, e a verdadeira garantia dos esforços do cidadão. Se a propriedade não respondesse por ações pessoais, nada seria mais fácil do que escapar dos deveres e evadir-se da Lei (Rousseau, s/d.: 15).

Por ir ao âmago (fundamentos e limites) da cidadania burguesa, essa definição rousseauniana do direito à propriedade (privada) é, em seu realismo, rigorosa e cristalina, não havendo qualquer reparação a

---

[15] "... a ideia de liberalismo está historicamente vinculada, de um modo inevitável, à de posse de propriedade" (Laski, 1973: 13).

ser feita. Todavia, quando o tratamento da questão exige que se volte para a totalidade de sua obra, observa-se facilmente que, também nela, inequívocas ambiguidades teóricas subsistem na abordagem do tema. Tanto que, no mesmo texto em que avaliza a ideia lockeana de que "não haveria afronta se não houvesse propriedade" (Rousseau, 1988: 68), atribuindo à instituição desta o ato originário da sociedade civil – e, com isso, de inomináveis crimes, guerras e horrores –, Rousseau afirma: "Da cultura das terras resultou necessariamente a sua partilha e, da propriedade, uma vez reconhecida, as primeiras regras de justiça, pois, para dar a cada um o que é seu, é preciso que cada um possua alguma coisa" (1988: 70). Mas, para sermos justos com o genebrino, mesmo com características e matizes diversos, ambiguidades no tratamento dessas questões não lhe são exclusivas, mas abarcam a totalidade dos pensadores liberais – inclusive John Stuart Mill.

Lembremos que o direito *irrestrito* à propriedade emergiu *pari passu* à ruptura dos laços comunitários que cerceavam os direitos do proprietário (indivíduo, família) ao desfrute de seus bens, de sua propriedade. Como proprietário privado, o indivíduo emergiu absoluto acima da comunidade e fez desta, sob a forma do Estado, uma instituição garantidora de seus direitos individuais (e de classe). Pode-se dizer que, em razão da centralidade do capital na configuração do todo social, o direito à propriedade privada se encontra no centro da legislação que envolve, ratifica e legitima a sociedade burguesa. E uma das funções, senão a principal função do estado (poder político) nessa (e dessa) sociedade é garantir aos proprietários a segurança necessária ao desfrute de sua propriedade, bem como sua transmissão aos seus herdeiros legais[16].

Na teoria liberal – que, nesse caso, expressa o próprio modo de ser de um aspecto essencial da sociedade burguesa –, a propriedade privada (de bens materiais) constitui efetiva garantia da liberdade e da vida: quem não a tem deve subordinar-se à propriedade de outrem (de modo permanente ou intermitente) ou, se não o fizer, deve perecer ou viver como pária, dependente da caridade privada ou da assistência social do Estado. Por conseguinte, o é também o tema da relação do poder político com a propriedade que, no *Segundo tratado do governo civil*, de Locke, há um capítulo dedicado exclusivamente a ele, "Da propriedade". Mas é no capítulo "Dos fins da sociedade política e do governo" que o pensador inglês apresenta de modo inequívoco a importância do direito à propriedade em sua teoria política: "o objetivo capital e principal da união dos homens em comunidades sociais e de sua submissão a

---

[16] Numa sintética formulação, ainda que oriunda de um campo ideológico oposto, Marx & Engels (1998: 42) reconhecem que a burguesia conquistou "a soberania política exclusiva no estado representativo moderno. O executivo no estado moderno não é senão um comitê para gerir os negócios comuns de toda a classe burguesa". Ainda sobre isso, é necessário lembrar que "O tema da proteção à pessoa e à propriedade, considerada como função do governo, apresenta muitas ramificações, diversificando-se em uma série de variantes indiretas" (Mill, 1983(II): 353). Daí, por exemplo, a variedade de ramos e a complexidade das normas jurídicas que regulamentam (e os litígios que envolvem) a propriedade e sua tributação. No entanto, por mais importantes que sejam para o entendimento adequado da essência e das funções do estado, deve-se sublinhar que reflexões puramente formais sobre tal complexidade acabam por levar à obliteração de sua verdadeira posição no "complexo de complexos" (Lukács) que constitui a sociedade burguesa.

governos é a preservação de sua propriedade" (Locke, 2001: 156). Franqueza que, tempos depois, cada vez mais difícil de ser sustentada, deverá ser amplamente falseada e dissimulada pela vulgaridade reinante.

Sobre os aspectos essenciais do tema, Stuart Mill também transita na senda lockeana. Assim, em seus *Princípios de economia política*, logo no início do capítulo no qual trata das *funções do governo*, em que reflete sobre a demarcação dos limites e dos efeitos das ações governamentais, o primeiro dos aspectos econômicos tratados por ele "é a proteção à pessoa e à propriedade" (Mill, 1983(II): 351). Diz ele,

> A insegurança da pessoa e da propriedade equivale a dizer incerteza do nexo entre trabalho ou sacrifício humano e o alcance dos objetivos em função dos quais as pessoas a eles se submetem. Significa incerteza sobre se aqueles que hoje semeiam colherão amanhã, se aqueles que produzem hoje consumirão amanhã, se aqueles que poupam hoje desfrutarão amanhã (Mill, 1983(II): 351).

O direito à propriedade significa, no pensamento liberal, a liberdade que qualquer um tem de possuir, desfrutar e alienar os seus bens (de produção, de consumo e capacidade de trabalho) em conformidade com suas necessidades, anseios e/ou fantasias individuais, desde que tais desfrute e alienação não firam *diretamente* o direito ou a liberdade de outrem[17]. Até a

---

[17] Obviamente, somente pode-se aceitar esta argumentação efetuando-se a abstração das *diferenças específicas* que caracterizam a propriedade de bens da propriedade da força de trabalho – portanto, transformando-se uma "abstração razoável" numa "abstração irrazoável" (ver nota 20).

mesmo a outrora sacrossanta propriedade agrária, cujas
origens colocavam sérias dúvidas sobre os supracitados
nexos trabalho/ frugalidade e propriedade[18], e cuja
alienabilidade sempre foi objeto das mais diversas
restrições nas sociedades pré-capitalistas, deveria estar
sujeita às mesmas condições de uso e alienação[19]. Para
Mill (1983(II): 355), "fazer com que a terra possa ser
transferida com a mesma facilidade que o capital seria
um dos maiores aperfeiçoamentos econômicos que se
poderia introduzir em um país". A única ressalva que ele
coloca ao direito de propriedade da terra ocorre quando
"o proprietário, falando de um modo geral, deixa de
melhorar a terra" (Mill, 1983(I): 202). E "em todos os
casos de dúvida [em termos atuais, sobre o caráter
produtivo ou improdutivo da propriedade agrária] a
balança deve pesar contra o proprietário" (Mill, 1983(I):
204). Aqui, sua adesão aos princípios ricardianos de
defesa contumaz da produção e de crítica à renda
fundiária – e, ainda, seus próprios *pendores democráticos* –,
conduziram Mill a uma visão crítica da propriedade
fundiária improdutiva, levando-o inclusive a exaltar a
reforma agrária francesa, sobretudo porque *o povo alinhou-
se firmemente a ela*, fornecendo-lhe legitimidade (*cf.* Mill,
1983(I): 200). De qualquer modo, *em princípio*, não
importa a natureza social dessa propriedade, pois o

---

[18] Sobre o tema, ver a argumentação de MacPherson e a superação do
limite da suficiência por Locke, o que acaba por justificar a apropriação
de terras para além da necessidade de "deixar bastante e tão bom
quanto para os outros" (MacPherson, 1979: 223).

[19] "Toda a ética do capitalismo, numa palavra, resume-se em seu
esforço para libertar o proprietário dos instrumentos dos meios de
produção da necessidade de obedecer às leis que inibem a sua plena
exploração desses instrumentos" (Laski, 1973: 18).

direito não diferencia o tipo de propriedade (meios de produção, bens de consumo ou força de trabalho) – e, quando diferencia, o faz apenas em aspectos secundários, relacionados à regulamentação de seu uso e alienabilidade em conformidade com sua natureza material e social, sem alterar os "princípios gerais nos quais se estriba a propriedade" (Mill, 1983(I): 204). Indiferente ao tipo, o que os preceitos liberais visam é, sobretudo, resguardar a inviolabilidade da propriedade privada pelos membros da sociedade e pelo próprio poder político. E se, no caso deste, em razão de imperiosos interesses socioeconômicos e políticos, o estado necessite apropriar-se da propriedade de alguém, deve fazê-lo apenas sob a estrita condição de indenizar devidamente seu proprietário, mesmo que tal indenização implique num ônus substancial às finanças públicas[20].

---

[20] "É direito dos proprietários de terra e dos donos de qualquer propriedade, reconhecidos como tais pelo Estado, não serem privados da propriedade sem receberem o valor pecuniário da mesma, ou então uma renda anual igual àquilo que tiravam dela" (Mill, 1983(I): 204). Até mesmo quando as ideias acerca da propriedade sofrerem adaptações e transformações – por exemplo, rumo à ideia de propriedade comunal –, a interferência do estado no direito de propriedade deve ser levado a cabo "sem prejuízo da justa reivindicação de serem os proprietários compensados pelo Estado por tais direitos legais de natureza proprietária de que venham a ser desapropriados para benefício público" (Mill, 2001: 116). E isto mesmo que, como todos sabem, em certos casos, um dos itens mais onerosos dos custos de obras públicas em aglomerações urbanas é o de indenização das propriedades que, por motivos diversos, necessitam ser desapropriadas. Igualmente, sabe-se que constitui um ônus importante e um substancial entrave às políticas de reforma agrária e proteção ambiental os custos da desapropriação de terras, inclusive aquelas que, envolvendo indivíduos econômica e politicamente poderosos, têm origem duvidosa.

Quanto às obrigações do poder político frente à propriedade privada (burguesa), Mill demonstra ser um mero discípulo das ideias de Locke e tantos outros liberais, excetuando-se, talvez, um único aspecto: o direito de herança. Em relação a este direito, ele procura atualizar e delinear com mais clareza as condições sob as quais o poder político deve garantir não apenas a segurança, o desfrute e a troca dos bens pelo proprietário, mas também aquelas que envolvem os direitos de herança e doação. Assim, como todo liberal, ele inicialmente reconhece que

> "o direito de doar em forma de testamento é um dos atributos da propriedade: a propriedade de uma coisa não pode ser considerada plena sem o direito de cedê-la, na morte ou em vida, à vontade do proprietário; e todas as razões que recomendam a existência da propriedade, recomendam também, na mesma proporção, a extensão da mesma" (Mill, 1983(I): 198).

Porém, em razão de circunstâncias anteriormente descritas, acaba por fazer *concessões proverbiais* aos críticos da propriedade privada ao se opor à doação, por testamento, da totalidade dos bens do proprietário, especialmente ao primogênito[21]. Numa passagem que parece remontar ao espírito austero e frugal das ideias rousseaunianas, ele afirma que a lei deve permitir que os herdeiros recebam apenas "o montante necessário para uma existência independente razoável" (Mill, 1983(II): 357). No caso de o proprietário morrer

---

[21]Nos anos 1840, diz ele, "eu não aspirava mais do que abrandar as desigualdades decorrentes dessas instituições [propriedade privada e direito de herança], eliminando a primogenitura e os vínculos restritivos de sucessão hierárquica" (Mill, 2007: 194).

sem deixar testamento, "a propriedade inteira deveria caber ao Estado" (Mill, 1983(II): 357).

Não há dúvida de que, até aqui, temos propostas que podem servir de fonte a aspirações progressistas; propostas que, se não atentam contra a propriedade privada, ao menos colocam restrições à vontade do proprietário. Ocorre que, estranho ao "espírito da época", o princípio do "montante necessário para uma existência independente razoável" é de difícil execução, e, numa afirmação que inverte o sentido das expectativas suscitadas, Mill faz a seguinte ressalva:

> [o Estado] deveria ser obrigado a destinar uma provisão justa e razoável para os descendentes do falecido, isto é, aquela provisão que o pai ou a mãe, ou o antepassado, deveriam ter-lhes destinado, levando-se em conta a situação, as possibilidades e a maneira de educar deles (Mill, 1983(II): 357).

Para ele, aqui, o estado deve atuar como se o testador estivesse vivo, garantindo aos testamentários as condições e privilégios específicos de sua classe social. Mas, assim como o princípio anterior, a definição do *quantum* de riqueza atenderia, em cada caso específico, aos anseios do testador – e às necessidades dos testamentários – é questão controversa, podendo arrastar-se por insondáveis disputas jurídicas. Daí que, cioso de sua responsabilidade em incentivar apenas ações que sejam consoantes ao nível intelectual e moral dos homens de sua época, recua novamente e pondera: "provavelmente as leis relativas à herança deverão passar por várias fases de aprimoramento, antes de serem seriamente levados em consideração conceitos tão divergentes dos atuais modos de pensar" (Mill, 1983(II):

357). Com isso, mesmo uma pequena *concessão teórica* que suscita alguma esperança de reforma social assume, no curso de sua reflexão, um tom de "sóbria" *resignação aos fatos*, transfigurando-se assim no seu oposto ou numa protelação para um futuro imponderável.

*

Para melhor esclarecimento dos principais conceitos que sustentam as ideias econômicas e políticas liberais – portanto, também das ideias do liberal Mill –, tratemos das dúbias conceituações (e suas consequências) de propriedade da força de trabalho, dos bens de consumo e dos meios de produção, assim como daquelas relacionadas às relações entre produção, distribuição e consumo.

Nas muitas controvérsias geradas sobre as conceituações de propriedade privada nos últimos séculos, uma das mais recorrentes diz respeito ao fato de que, no primeiro caso, quando visam exaltar a liberdade individual e o reconhecimento da igualdade natural como conquistas burguesas, tende-se a diluir as profundas diferenças entre a força de trabalho e os objetos e suas respectivas funções sociais na formulação jurídica – e, por isso, abstrata – de propriedade. Ou, então, por razões de conveniência – sobretudo até o século XIX, quando se visava dificultar ou até mesmo impedir a participação de todos os "proprietários" na esfera política –, exaltavam-se as diferenças entre essas formas de propriedade (e suas consequências pessoais), reconhecendo o *proprietário da força de trabalho* como aquilo que, de fato, ele é, um *não-proprietário*. No segundo caso, aquele das conexões entre produção, distribuição e consumo, os liberais naturalizam as relações socioeconômicas burguesas. Pela clareza de suas afirmações, o modo que tratou deste segundo aspecto faz de Stuart Mill um dos exemplos mais instrutivos. Em suas palavras,

> as leis e as condições da produção da riqueza têm o caráter de verdades físicas. Não há nelas nada de opcional ou arbitrário /.../. Não acontece o mesmo com a distribuição da riqueza. Esta é exclusivamente uma questão de instituições humanas (Mill, 1983(I): 181).

Digamos que, ao "modo científico", essa naturalização das leis e condições de produção segue o mesmo caminho das ideias filosóficas de Locke, que, dois séculos antes, fez da *propriedade privada um fato inerente à condição humana.*[22] Para este filósofo, "A *condição da vida humana*, que necessita de trabalho e de materiais para serem trabalhados, *introduz forçosamente as posses privadas*" (Locke, 2001: 102 – itálicos nossos). Ou seja, de modo inequívoco, já no *founding father* do liberalismo se verifica a transmutação de uma forma de *propriedade* (isto é, a *apropriação* como condição necessária à existência humana) a outra (a *propriedade privada*), procedimento que foi analisado (e denunciado) por Marx em diversos textos. Como se isso não bastasse, a mera inversão do argumento lockeano denota graves implicações teóricas e práticas: se "a condição humana /.../ introduz forçosamente posses privadas", *onde não há posse privada não há vida propriamente humana.* Pouco esforço é necessário

---

[22]Mais adiante, veremos como, sob este aspecto, na última década de sua vida, Mill flexibiliza um pouco sua posição.

para se inferir algumas conclusões que, desde Locke, podem ser (e foram) extraídas pelos pensadores liberais dessa argumentação.

Retornando ao primeiro caso, vê-se que a diluição jurídica das formas de propriedade permite a Locke afirmar que somente o escravo pode ser considerado um *não-proprietário*[23], mas não o assalariado, e isto porque "cada um guarda a propriedade de sua própria pessoa; sobre esta ninguém tem qualquer direito, exceto ela" (Locke, 2001: 98). Assim, de acordo com essa definição, a *propriedade de si mesmo* não é apenas condição para que o indivíduo seja proprietário, ela, *em si* e *por si*, já o torna proprietário – e, portanto, livre. Baseado nessa definição, seu discípulo de tempos mais recentes pôde afirmar que

> A propriedade não implica outra coisa além do seguinte: o direito de cada um a suas próprias faculdades [isto é, forças corporais e mentais e seus pertences], àquilo que com elas podem produzir, bem como a tudo aquilo que puder obter através delas em um comércio honesto; além disso, seu direito de dar isso a qualquer outra pessoa, se o quiser, e o direito dessa outra pessoa recebê-lo e desfrutar dele (Mill, 1983(I): 195).

Para Locke (2001: 109), "no começo, por pouco que se servisse dele, o trabalho conferia um direito de propriedade sobre os bens comuns, que permaneceram por muito tempo os mais numerosos, e até hoje é mais do

---

[23] E, mesmo aqui, há outro aspecto ideológico que deve ser considerado, mas cujas plenas consequências afloraram apenas muito mais tarde, pois, com esta ideia, a inequívoca exploração a que o escravo está sujeito obscurece, por comparação, a exploração sofrida pelo proletário.

que a humanidade utiliza". Aqui, além da já citada fundamentação no trabalho, é importante observar que Locke não mais engloba as propriedades corporais e espirituais; com isso, a propriedade se especifica sob a forma de propriedade de objetos, de *bens materiais exteriores ao indivíduo*. E não há dúvida que a mesma linha de raciocínio segue Stuart Mill ao considerar que "O fundamento de tudo [isto é, da propriedade] é o direito dos produtores àquilo que eles mesmos produziram" (Mill, 1983(I): 193). Em contrapartida, deve-se destacar que, mesmo tendo vivido numa sociedade burguesa de elevado desenvolvimento (ainda que, é óbvio, distante de sua forma consolidada com a Revolução Industrial), sociedade na qual o assalariamento já possuía inequívoca importância socioeconômica, a situação da época de Locke era substancialmente diferente daquela que, décadas depois, Mill se defrontaria. Com profunda convicção, o liberal seiscentista defendeu o trabalho como fundamento da propriedade privada (de bens materiais) para sancionar teórica e praticamente a propriedade burguesa contra as incursões e restrições (em seu desfrute) promovidas por um Estado cuja burguesia ainda labutava pelo controle. E, ao mesmo tempo, o fazia em confronto com a teoria política mais influente de seu tempo, a de Thomas Hobbes, que apregoava a soberania absoluta do Estado e, assim, deixava aberturas indesejadas para o questionamento do caráter "absoluto" da propriedade privada[24].

---

[24] Hobbes reconhece a necessidade de superação dos entraves feudais para o uso (e abuso) da propriedade, no entanto, "estabelece um limite muito forte à pretensão burguesa de autonomia: todas as terras e bens estão controlados pelo Estado" (Ribeiro, 2000: 73). O que, de

Quanto à mera *propriedade de si* e, portanto, à situação dos assalariados, MacPherson nos lembra que, naquela época,

> Os defensores da produção capitalista – e Locke era um deles – ainda não tinham as consciências atormentadas por efeitos desumanizantes da transformação do trabalho em mercadorias; na ausência dessas repugnâncias morais, não havia razão para que não achassem natural a relação salarial (MacPherson, 1979: 229-80).

O fato é que, se estavam longe da consciência adquirida pelos socialistas no século XIX sobre os efeitos perversos do assalariamento, pois ainda lhes faltava o capitalismo industrial para que pudessem extrair conclusões mais radicais acerca da desumanização por ele provocada, Locke e seus contemporâneos (até mesmo os niveladores), em suas ambiguidades acerca do que é a propriedade – e, com ela, do que é *ser proprietário* –, já pressentiam (e viam) alguns de seus efeitos negativos. Tendo, inclusive, fundamentado neles seus argumentos relativos à circunscrição do direito de participação política apenas aos proprietários.

Diferentemente de seu predecessor, Stuart Mill era plenamente cônscio da predominância do trabalho assalariado[25], de sua tendência à expansão e dos profundos efeitos devastadores do assalariamento. E, ao contrário de Locke, ele não desenvolveu suas reflexões

---

modo algum, nega que, em seus aspectos essenciais, a teoria política hobbesiana seja uma expressão inequívoca dos modos de ser e pensar que emergiram com a sociedade burguesa.

[25] Na Inglaterra, é pequena a "percentagem de trabalho (...) que é feito por pessoas que trabalham para seu próprio benefício!" (Mill, 1983(I): 184).

num contexto em que a burguesia se confrontava com forças sociais em decomposição, mas com forças emergentes e com interesses sociopolíticos radicalmente opostos. Por conseguinte, em sua época, as mobilizações operárias e a revolta popular impuseram à burguesia a necessidade de recompor sua hegemonia, entre seus membros mais lúcidos e *economicamente vitoriosos* (isto é, aqueles que, no contexto da reprodução total do capital, representam as empresas e/ou ramos de atividades mais modernos e lucrativos) disseminou-se, especialmente na segunda metade do século, a percepção e o sentimento de que a crassa repressão e a relativa indiferença aos reclamos populares não eram mais compatíveis com as novas circunstâncias (pelo ônus ainda maior que, quiçá, poderiam resultar). Ou seja, disseminou-se a percepção e o sentimento de que, se o pleno compartilhamento com os anseios populares era impossível e indesejado, era necessário, ao menos, "civilizar" certos aspectos da relação entre capital e trabalho, apoiando uma elevação do padrão moral, intelectual e, até mesmo, material das massas operárias e populares[26].

---

[26] O profundo impacto que essa mudança (forçada) no matiz ideológico da classe burguesa exerceu sobre Stuart Mill pode ser plenamente avaliada pelo seguinte trecho de seu *Governo representativo*: "Não acredito que as classes que participam do governo tenham, em geral, qualquer intenção de sacrificarem a si as classes trabalhadoras. *Outrora alimentaram tal intenção* (...). *Nos dias atuais, porém, a atitude corrente é exatamente oposta*: fazem de boa vontade sacrifícios consideráveis, especialmente dos seus interesses pecuniários, em benefício das classes trabalhadoras, e erram antes por beneficiá-las prodigamente e sem discriminação; nem creio que na história se encontrem governantes que tenham agido por desejo mais sincero de cumprir com o seu dever para com a porção mais pobre dos concidadãos" (Mill, 1964: 41 – itálicos meus, RG). Lembremos, ainda, que esta visão quase idílica da boa vontade burguesa precedeu a

Em seu *Salário, preço e lucro*, a respeito de um tema central nesse forçado processo civilizatório das condições de trabalho dos proletários, a jornada de trabalho, Marx nos lembra que,

> Durante a guerra contra os jacobitas, que foi, na realidade, uma guerra dos barões ingleses contra as massas trabalhadoras inglesas, o capital viveu dias de orgia e prolongou a jornada de 10 para 12, 14 e 18 horas. Malthus, que não pode precisamente infundir suspeitas de terno sentimentalismo, declarou num folheto, publicado por volta de 1815, que a vida da nação estava ameaçada em suas raízes, caso as coisas continuassem assim /.../.
>
> [Pois,] Ao vender sua força de trabalho – e o operário é obrigado a fazê-lo, no regime atual –, ele cede ao capitalista o direito de empregar essa força, porém dentro de certos limites racionais. Vende a sua força de trabalho para conservá-la ilesa, salvo o natural desgaste, porém não para destruí-la (Marx, 1982: 176-7).

Permeado pelo espetáculo dantesco da miséria operária e pela luta de classes entre burgueses e proletários, o conturbado século XIX viu emergir diversas tendências políticas proletárias fortemente questionadoras da propriedade privada. Isto ocorreu num contexto em que os mais bem-sucedidos membros da burguesia oitocentista – da qual Mill é um porta-voz proeminente, com atuações destacadas no Parlamento e nos negócios estatais – ou herdaram suas propriedades ou, ao menos, não mais necessitavam trabalhar diretamente em seus negócios para mantê-las,

---

própria criação da seguridade social a cargo do estado, surgida, em alguns países da Europa, nos anos 1870 (*cf.* Laski, 1973: 174).

fragilizando assim os argumentos que uniam propriedade privada ao trabalho do proprietário. Uma sociedade, então, em que a burguesia encontrava-se distante dos tempos em que, ao menos parte importante de seus membros, vivia do "trabalho do seu corpo e [d]a obra produzida por suas mãos" (Locke, 2001: 98), e que, ao mesmo tempo, os verdadeiros produtores labutavam arduamente para reproduzir suas vidas e sua condição de proprietários apenas de sua força de trabalho – isto é, de *não-proprietários*[27].

Claro que, sendo um dos homens mais inteligentes de sua época, Mill não foi alheio aos acontecimentos e problemas que a conturbavam, tendo profunda consciência de que muitos princípios caros à burguesia estavam sendo postos em questão.

> Em uma época como a nossa, em que se percebe como inevitável uma reconsideração geral de todos os princípios primários, e em que, mais do que em qualquer período anterior da história, os segmentos sofredores da comunidade têm voz na discussão, era impossível que ideias dessa natureza [objetivando a distribuição equitativa e justa da propriedade e da riqueza] não alcançassem uma grande divulgação (Mill, 1983(I): 183).

---

[27] Como diz Marx (2004: 87), "A *propriedade privada* é (...) o produto, o resultado, a consequência necessária do *trabalho exteriorizado*, da relação externa (*äusserlichen*) do trabalhador com a natureza e consigo mesmo". Sua existência, portanto, "pressupõe uma forma antitética, a não-propriedade" (Marx, 1982: 6) – e o *proprietário*, por sua vez, também pressupõe a sua, o *não-proprietário*. Ou ainda, no período capitalista, "a riqueza social em proporção sempre crescente torna-se propriedade daqueles que estão em condições de apropriar-se sempre de novo do trabalho não-pago de outros" (Marx, 1985(II): 169).

Num precioso relato sobre as mudanças em suas opiniões, pode-se ter uma boa ideia acerca do quanto e como os acontecimentos históricos e a ascensão das ideias socialistas exerceram influência sobre ele:

> Nos *Princípios de economia política* essas opiniões [sobre as questões operárias e o socialismo] foram expostas menos claras e incompletas na primeira edição [1848]; mais detalhadas na segunda [1849], e de forma totalmente inequívoca na terceira [1852]. Esta diferença foi devida em parte à mudança dos tempos, pois a primeira edição foi escrita e enviada antes da Revolução Francesa de 1848, após a qual a mentalidade do público se tornou mais receptiva às novidades de opinião /.../. Na primeira edição, as dificuldades do socialismo foram formuladas de forma tão vigorosa que o tom geral resultante era de oposição a ele. Nos dois anos seguintes, pude dedicar muito tempo ao estudo dos melhores autores socialistas do Continente e à reflexão e discussão de todas as questões envolvidas na controvérsia. O resultado foi a supressão de grande parte do que fora escrito sobre o tema na primeira edição e sua substituição por argumentos e reflexões que representavam uma opinião mais avançada (Mill, 2007: 196-7).

Por isso, não é casual que suas obras sejam marcadas pelo reconhecimento de graves injustiças sociais e outros assuntos caros aos populares, os quais, com algumas exceções, tratava com espírito elegante e polido – qualidades tão raras de se encontrar, tanto antes quanto depois, entre os liberais. Como consequência, temos que, em suas obras, a defesa do direito à propriedade privada (e de suas consequências políticas) é muito mais ambígua e sinuosa do que em Locke[28], ainda que não menos eficiente.

Mill era plenamente cônscio de que, nesse conturbado ambiente social, a ausência de uma justificativa teórica convincente e atualizada ao direito de propriedade poderia contribuir para o *adensamento* das dúvidas sobre a legitimidade social e jurídica de certos proprietários privados e, por meio deles, da propriedade privada em geral. Tendo em vista o conhecimento que tinha dos socialistas franceses, sobretudo de Louis Blanc, Fourier e Owen, é possível, ainda que não se possa afirmar de modo categórico, que ele tenha lido o famoso livro *O que é a propriedade? Ou investigações sobre o princípio do direito e do governo*, do socialista francês Pierre Joseph Proudhon. Neste livro, Proudhon argumenta que a propriedade privada é um roubo, fundada na violência e na exploração, e, portanto, injusta e ilegítima. Como esta ideia encontrou respaldo em diversos círculos socialistas, não é improvável que o pensador inglês a tinha em mente quando, num tom de *mea culpa*, escreveu que, para garantir a paz:

> confirmando e reconhecendo àqueles que já possuíam a propriedade – mesmo em se tratando daquilo que não era fruto do trabalho pessoal –, o Governo civil dava incidentalmente uma garantia a eles e a outros de que seriam protegidos no que era assim objeto de propriedade (*ibid.*: 182).

---

[28] Embora, na verdade, seu argumento em defesa da propriedade privada constitua, em essência, uma reiteração das ambiguidades da definição lockeana.

Ou, ainda, ratificando o motivo pelo qual é considerado um dos clássicos do liberalismo, afirma, com inequívoca consciência da espinhosa questão, que,

> Segundo o conceito fundamental de propriedade, não se deve tratar como propriedade nada que tenha sido adquirido mediante força ou fraude, ou de que alguém se tenha apropriado ignorando a existência de um direito anterior, pertencente a alguma outra pessoa /.../ [Entretanto] A posse que não foi legalmente contestada dentro de um razoável número de anos deve ser – como o é pelas leis de todas as nações – um título de propriedade plena. Mesmo nos casos em que a aquisição tenha sido ilegítima, a desapropriação, depois de passar uma geração, dos que são provavelmente donos de boa fé, ressuscitando assim um direito que por muito tempo não foi reclamado, geralmente constituiria uma injustiça maior – e quase sempre um dano privado e público maior – do que deixar de reparar a injustiça original (Mill, 1983(I): 194).

Em síntese, em certos casos, a propriedade privada (de bens materiais) pode não ser fruto do trabalho, mas da violência, da usurpação. Porém, uma vez instituída, a manutenção da paz social exige o reconhecimento dos *acontecimentos passados* e, assim, sua *legitimação* social *presente*.

*

É curioso notar que, num dos seus último textos, *Capítulos sobre o socialismo*, podem ser encontradas inúmeras e expressivas passagens que ecoam as ideias socialistas. Numa delas, Mill chega a afirmar que, na sociedade burguesa, "a recompensa, ao invés de proporcional ao trabalho e à abstinência do indivíduo, é quase inversamente proporcional a eles: os que menos recebem são os que mais trabalham e se abstêm" (Mill, 2001: 52). Ideias semelhantes também podem ser lidas em seus *Princípios de economia política*, no qual se encontram alguns trechos que parecem extraídos do próprio *Manifesto comunista*. Neles, Mill compartilha muito das críticas dos socialistas à sociedade burguesa e às objeções lançadas pelos ideólogos desta à socialização dos meios de produção (ou seja, à propriedade comunal) (*cf.* Mill, 1983(I): 185-189). Em outras passagens e obras, no entanto, pode-se facilmente ler sua cândida resignação aos argumentos da economia política vulgar e, por meio deles, aos condicionamentos da ordem prevalecente. Dentre outros modos, isto ocorre, por exemplo, quando ele *moraliza* o lucro e o atribui às virtudes do capitalista e/ou de seus antepassados.

> Se os proprietários desses frutos [os meios de produção] fossem os trabalhadores, não teriam que dividir o produto do seu trabalho com ninguém, ao passo que, não sendo eles proprietários dos referidos frutos, se deve dar um equivalente àqueles que são os donos desses frutos – compensando, portanto, a estes, tanto pelo trabalho anterior quanto pela abstenção em virtude da qual o produto do trabalho anterior, ao invés de ser por eles gasto em autossatisfação, foi reservado para o uso da produção (Mill, 1983(I): 193).

No entanto, ao contrário de Marx, para quem a explicitação do trabalho como essência da propriedade privada revela que seu desenvolvimento somente pode ocorrer por meio da exploração e do estranhamento dos produtores, tanto em relação aos frutos quanto ao próprio processo de trabalho (*cf.* Marx, 2004), o pensamento de Mill caminha por estrada bastante diversa. Segundo ele, a desigualdade na distribuição da riqueza não constitui um aspecto essencial da propriedade privada e, portanto, de uma sociedade nela baseada. Decorre, isto sim, do fato de que "O princípio da propriedade privada nunca foi tentado com honestidade em país algum, e neste país, talvez menos do que em alguns outros" (Mill, 1983(I): 187). Ou, ainda, de modo mais enfático:

> /.../ se o empenho que se teve em agravar a desigualdade de oportunidades, decorrente dos anseios naturais das leis da propriedade privada, tivesse existido, na mesma escala, para mitigar essa desigualdade com todos os meios que não destruam o princípio como tal, se a tendência da legislação tivesse sido no sentido de favorecer a difusão da riqueza ao invés de favorecer a sua concentração /.../ ter-se-ia constatado que o princípio da propriedade individual não tem nenhum nexo necessário com os males físicos e sociais que quase todos os autores socialistas presumem ser inseparáveis dele (Mill, 1983(I): 187).

Entende-se assim porque, numa cristalina enunciação dos limites de suas perspectivas de reforma social, ele afirmou que:

> o objetivo principal a ser colimado, no atual estágio dos aperfeiçoamentos humanos, não é a subversão do sistema de propriedade individual, mas o aperfeiçoamento dele, bem como a participação plena de cada membro da comunidade nos benefícios decorrentes dessa instituição (Mill, 1983(I): 192).

Como veremos, as mudanças que ocorreram em suas ideias não alteraram seu credo fundamental na propriedade privada. Uma espécie de quintessência da ordem social, tal credo não é negado nem mesmo quando, por motivos diversos, Mill faz afirmações pontuais sobre a possibilidade e/ou necessidade de sua superação pela propriedade comum. Por isso, embora marcadas por vacilações ocasionais, suas reflexões não negam que, em sua relação com os proprietários, o Estado deve fornecer todas as garantias para que a propriedade privada seja plenamente assegurada, criando, inclusive, as condições mais favoráveis possíveis para o desfrute, transações comerciais e doação – pois, *parti pris* de todos os liberais, o estado deve ser "o mordomo do comércio" (Laski, 1973: 63). E mais, excetuando o caso específico da propriedade fundiária improdutiva, a qual deixa de cumprir sua função de (re)produção de riqueza, a melhor atuação que o poder político pode ter nesse campo, assim como em quase todos os outros, é o *laissez-faire*, "qualquer desvio dessa prática é um mal certo, a menos que isso seja exigido em função de algum bem ingente" (Mill, 1983(II): 401). Daí que, como veremos, mesmo quando se dispunha a questionar a propriedade privada como fundamento da ordem social, como em seus *Capítulos sobre o socialismo*, sobretudo em "A ideia da propriedade privada, não fixa, mas variável", o tom geral da reflexão de Mill é de profunda resignação.

Por fim, cabe salientar que esse delineamento de suas ideias acerca da propriedade privada possibilita-nos uma aproximação mais adequada dos fundamentos de sua compreensão das relações do poder político com a sociedade e, em particular, com o indivíduo, visto que suas ideias econômicas e políticas encontram-se profundamente integradas e em mútua interação[29]. Podemos, assim, compreender melhor certos posicionamentos políticos que, reforçados por suas reservas à moralidade e à educação popular, o levaram a oscilar de um extremo ao outro do espectro ideológico na "tentativa de reconciliar o irreconciliável" (Marx).

2.1. Digressão: crítica marxista à propriedade

Tema controverso e apaixonado, uma reflexão adequada sobre a propriedade (privada ou não) exige um rápido esclarecimento de alguns de seus aspectos primordiais[30]: o que é a propriedade? De que tipo de propriedade, aqui, se trata? Quem tem e quem não tem propriedade? Flutuando em conformidade com a luta de classes – portanto, com o contexto histórico-social –, a própria definição do que é *ser proprietário* (isto é, o que qualifica alguém como proprietário) sofre alterações no

---

[29] De maneira óbvia, isto ocorre porque, objetivamente, economia e política estão profundamente vinculadas, como o próprio Mill reconhece ao escrever, em seus *Princípios de economia política*, ao menos três capítulos sobre os efeitos da intervenção governamental na economia. Um deles, inclusive, analisa as consequências das "intervenções governamentais baseadas em teorias [econômicas] errôneas".

[30] "Um dos erros mais frequentemente cometidos, que é fonte dos maiores erros práticos nos assuntos humanos, é o de supor que o mesmo nome sempre represente o mesmo agregado de ideias. Nenhuma palavra foi mais sujeita a esta espécie de mal-entendido do que a palavra propriedade. Ela denota, em qualquer sistema social, os mais amplos poderes de uso exclusivo ou controle exclusivo das coisas (e às vezes infelizmente até das pessoas) que a lei concede, ou que o costume naquele sistema social reconhece; mas tais poderes de uso e controle exclusivos são muito variados e diferem grandemente em diferentes países e diferentes sistemas sociais" (Mill, 2001: 112).

curso da sociedade burguesa. Há, por exemplo, entre os liberais, consenso na ideia de que a mera possibilidade de um determinado indivíduo dispor livremente de suas faculdades mentais e corporais o torna um proprietário?[31] O torna, então, a propriedade de *quaisquer* outros objetos? Ou somente a propriedade dos meios de produção? Das diferentes respostas dadas a estas questões decorrem, por exemplo, diferentes concepções acerca do assalariamento[32]. Também nelas se encontram importantes chaves analíticas para se entender as inúmeras controvérsias acerca de quem é o "povo" (*demos*) e das condições que definem a participação política deste (amplitude, critérios e proporcionalidade do sufrágio); controvérsias que, desde as clássicas revoluções burguesas (inglesa, americana e francesa) até o século XX, tantos conflitos causaram no interior do próprio pensamento liberal. De qualquer modo, a despeito das indefinições e oscilações das ideias liberais, o reconhecimento da importância da propriedade privada constitui um dos pilares dessa corrente de pensamento, pilar que, como exemplificado por Rousseau, nem seus mais heterodoxos representantes conseguem elidir.

Então, para tratar do tema e das questões suscitadas, inicialmente seguiremos à risca a definição consolidada nos dicionários, pois, em linhas gerais, ela possui uma característica indistinta para todos os seres,

---

[31] Pois, muitas vezes, se diz que ele é proprietário de suas próprias faculdades corporais e espirituais.

[32] E, como se sabe, por muito tempo constituiu um tema polêmico no pensamento liberal se o assalariamento, como subordinação intermitente à propriedade de outrem, implica ou não uma negação (ou restrição) da liberdade.

circunstâncias e, ao seu modo, está presente em todas as conceituações de propriedade: propriedade "é uma qualidade inerente aos seres" (*Houaiss*). Ora, sendo o homem um ser objetivo e carente, um ser que necessita satisfazer suas carências numa relação objetiva com o mundo (a natureza em sua multiplicidade de seres), a carência de objetos e a *apropriação da natureza* para satisfazê-la constituem características que lhe são tão inerentes quanto o são a qualquer outro ser vivo. Ser humano ou não, todo ser vivo necessita estabelecer um metabolismo com a natureza. Porém, afora o homem, seres vivos em geral confrontam os elementos da natureza de modo puramente instintivo – ou, quando muito, como é o caso de certos mamíferos, orientados por uma consciência *imediata* bastante restrita (*cf.* Fischer, s/d.: 24-7 e *passim*) –, por isso, para eles, os "pré-requisitos da existência" (Marx) se resumem àquilo que é naturalmente dado ou, quando muito, instintivamente produzido. O homem, ao contrário, estabelece um metabolismo consciente com a natureza. Ele não vive apenas das dádivas que, com suas leis imanentes, esta lhe possibilita a apropriação; ele, de modo consciente, transforma a natureza em objetos úteis, objetos estes que se tornam "pré-requisitos" de sua condição humana. E mais, o faz não como *homem* (abstrato), mas como homens, como uma pletora de indivíduos cujo modo de existência é inerentemente social – isto é, um ser que tem na sociabilidade uma de suas *propriedades* inalienáveis. Por meio do trabalho, a natureza humaniza-se, torna-se *subjetiva* (Marx, 2004: 84 e *passim*). Com isso, os processos socioeconômicos de produção, distribuição e consumo de objetos, além de constituírem modos propriamente humanos de apropriação e transformação da natureza, dotando-a de qualidades (propriedades) humanas, produzem e reproduzem o homem como homem, como ser humano genérico[33]. Daí que, no contexto da existência humana, terra, gado, instrumentos de trabalho, bens de consumo etc. não constituam apenas objetos externos, necessários à reprodução física, biológica dos homens (que, em suas características *exclusivamente humanas*, se constituam à revelia – ou ao largo – destes), mas uma extensão insuprimível do próprio *ser homem* e, com isso, a confirmação de sua humanidade. Por isso, Marx reconhece que, em seu sentido original,

> *propriedade* significa nada mais do que a atitude do homem ao encarar suas condições naturais de produção como lhe pertencendo, como *pré-requisitos de sua própria existência*; sua atitude em relação a elas como *pré-requisitos naturais* de si mesmo, que constituiriam, assim, prolongamentos de seu próprio corpo. De fato, ele não se mantém em qualquer relação com suas condições de produção, mas tem uma dupla existência, subjetivamente como ele próprio e, objetivamente, nestas condições inorgânicas naturais de seu ser (Marx, 1973: 85).

No âmbito desse ser objetivo do homem, há, sem dúvida, uma diferença entre os objetos que são utilizados para mediar as relações dos homens com a natureza e aqueles que lhes servem diretamente como

---

[33] "O objeto do trabalho é, portanto, a objetivação da vida genérica do homem: quando o homem se duplica não apenas na consciência, intelectual[mente], mas operativa, efetiva[mente], contemplando-se, por isso, a si mesmo num mundo criado por ele" (Marx, 2004: 85).

valores de uso para subsistência (objetos de consumo), diferença que se torna ainda mais significativa quando os primeiros são utilizados como *capital*. De qualquer modo, privado do acesso à terra e aos meios que permitem a transformação dos elementos naturais em objetos úteis (*meios de produção* produzidos pelo homem, os quais, desde muito cedo, tornam-se imprescindíveis para a existência humana como tal) – e, com isso, desses mesmos objetos –, qualquer homem acaba por ser reduzido às condições mais degradantes e mortíferas. Não havendo vida humana sem o uso e o consumo de objetos humanizados[34], a privação (isto é, a *não-apropriação*) destes significa morte para qualquer indivíduo. *Nesse sentido, e somente nesse sentido*, na medida em que se *apropria* de bens que lhe mantêm vivo (mesmo sendo ele próprio propriedade de outrem), até mesmo o escravo, em algum momento e sob alguma forma, possui propriedade – e, portanto, é um proprietário –, assim como todo e qualquer outro ser humano, pois todo e qualquer ser humano utiliza/consome *valores de uso* para viver. Ou seja, em algum momento, estes valores de uso lhe pertencem, mesmo que este pertencimento se dilua no interior da propriedade que ele é. Em síntese, para o homem, afora suas propriedades (qualidades) físicas, psíquicas e intelectuais, propriedade nada mais é do que aquele conjunto de "coisas" (terra, rebanhos, instrumentos de produção, bens de consumo etc.) que, mediadas ou não pelo trabalho, constituem *pré-requisitos*

---

[34] Os quais não existem sem as relações sociais e seus processos de produção, e que, por sua vez, pressupõem a apropriação da terra e dos meios de produção.

de sua existência e, portanto, o mantém como homem. E a *propriedade privada* nada mais é, em suma, do que a apropriação individual, não-coletiva, dessas "coisas", desses *pré-requisitos* da vida humana – e, por conseguinte, a *exclusão dos não-proprietários* de seu *uso* e de seus *frutos*.

Essa análise das características essenciais da propriedade está amparada em reflexões que se encontram disseminadas em diversas obras do pensador alemão, as quais são particularmente abundantes naquelas em que ele efetuou suas investigações mais aprofundadas sobre as formações sociais pré-capitalistas e a gênese e desenvolvimento da sociedade capitalista (dissolução dos vínculos do produtor com a terra e os meios de produção e, ao mesmo tempo, da concentração destes nas mãos de poucos proprietários) (Marx, 1982; 1985; 2004; Marx & Engels, 1987). Por meio delas, podemos assegurar que todas as tentativas de apreender o *ser* do homem que prescindam dessa dimensão objetiva e humanizada de sua existência, desconsiderando-a como sua qualidade inerente, acabam por desembocar em alguma forma de idealismo ou de materialismo vulgar. Isto por negligenciar a práxis e, com ela, a centralidade da atividade sensível na configuração da totalidade da vida humana, ou, ainda, por elevar o indivíduo desprovido desses pré-requisitos à condição de proprietário – isto é, "proprietário" de suas características físicas, cognitivas e psíquicas.

Essa conceituação de propriedade pode parecer ampla demais para que, com ela, se compreenda as especificidades da propriedade na sociedade burguesa, bem como sua importância na configuração prática e teórica dessa ordem social. Como diz Marx (1982: 6), "é tautologia dizer que propriedade [apropriação] é uma condição da produção"; porém, é uma tautologia que os liberais não cansam de sublinhar para, dela, extrair conclusões bastante duvidosas. Decerto, em outros tempos, talvez fosse desnecessário retomar certas ideias. Vivemos, porém, em tempos em que até mesmo as tautologias precisam ser adequadamente recolocadas, ainda mais quando lembramos que, apesar de Marx, os pensadores liberais continuam, até os dias atuais, a saltar dessa forma geral de propriedade, inerente à vida humana, à propriedade privada. Assim, como "abstração razoável"[35], é justamente essa amplitude na abordagem que nos permite colocar as coisas em seu devido lugar, pois, ao enfatizar o caráter objetivo da existência humana e a centralidade da atividade sensível em sua configuração, ela contribui para o adequado enfrentamento da confusão reinante nesse domínio do pensamento social.

A princípio, em si, o reconhecimento da importância da propriedade privada na sociedade burguesa não parece merecer mais atenção do que em épocas anteriores, pois em todas as sociedades classistas pré-capitalistas ela ocupou uma posição destacada no rol dos direitos consuetudinários ou positivos das classes dominantes. Porém, nestas sociedades, a propriedade (e seu tipo) se apresentava como direito subordinado, derivado da condição de indivíduo

---

[35] "A razoabilidade de uma abstração se manifesta, pois, quando retém e destaca *aspectos reais*, comuns às formas temporais de entificação dos complexos fenomênicos considerados. A razoabilidade está no registro ou constatação adequados, 'através da comparação', do que pertence a todos ou a muitos sob diversos modos de existência" (Chasin, 1995: 422).

pertencente a um determinado grupo social – e cujos laços primários eram extra econômicos (parentesco, sangue, raça, estamento etc.). Nelas, a propriedade (e o seu uso) – sobretudo da terra, do gado e dos instrumentos de produção – sempre esteve envolta numa série de regulamentações sociopolíticas e culturais que, emanadas da comunidade (clã, tribo), restringiam os direitos do proprietário (indivíduo e/ou círculo familiar de diferentes extensões) e orientavam seu uso (*cf.* Marx, 1975). Invariavelmente, os direitos e interesses comunitários tinham prevalência sobre os direitos e interesses do "indivíduo que trabalha" (produtor) e/ou do proprietário (às vezes, ambos estavam representados na mesma pessoa), pois, ainda que sob formas diversas, estes se encontravam a serviço daqueles, e não o contrário[36]. E, a despeito da diversidade de formas em que se apresentavam (ou, em certos e reduzidos lugares, ainda se apresentam), cuja importância jamais pode ser subestimada quando se visa à apreensão das particularidades de seus respectivos desenvolvimentos sociais e culturais, as sociedades "pré-capitalistas" possuíam como traço comum o predomínio da produção voltada para o valor de uso sobre aquela voltada ao valor de troca e, portanto, o capital como relação social constrangida, marginal, secundária no condicionamento da dinâmica das relações sociais. O indivíduo, aqui,

---

[36] A força restritiva desses vínculos comunitários era tão significativa que, ainda na *Declaração dos direitos do homem e do cidadão*, 1789, predominava "o desejo de banir o conceito-medievo-feudal de propriedade, como se esta não fosse mais do que um grupo de direitos, um foro de exigências de diferentes partidos e uma curadoria sobre a qual a comunidade tinha certos poderes suseranos para o bem comum" (Talmon, s/d.: 44-5).

ainda não se encontra isolado dos membros da comunidade e, portanto, sua propriedade ainda não se apresenta como um absoluto direito individual. Nessas sociedades, "sua *propriedade*, isto é, sua relação com os pré-requisitos naturais de sua produção como seus, é mediada por sua qualidade natural de uma comunidade" (Marx, 1975: 83). Por conseguinte, nesse contexto de inexistência da propriedade como direito absoluto, o indivíduo absolutamente desvinculado dos "pré-requisitos naturais de sua produção" (terra, gado e instrumentos de trabalho) também não existe (ou, ao menos, não existe como configuração social relevante). Existindo subjetivamente, como homem e membro da comunidade, e, objetivamente, em sua propriedade, "É como membro comunal que ele estabelece relações com determinada (parte da) natureza (chamemo-la de terra, solo) como seu próprio ser inorgânico, condição de sua produção e reprodução" (Marx, 1975: 83). Nessas relações, vida pública (comunal, estatal) e vida privada (econômica, familiar, individual) ainda não constituem universos distintos, mas integram-se de tal modo que o primado daquela condiciona e define a submissão desta aos seus desígnios.

Somente na sociedade burguesa o indivíduo se desvencilhou dos laços sociais que o enredavam, cerceavam e delimitavam, de acordo com interesses sociais, o usufruto de sua propriedade. Ao mesmo tempo, desvaneceram-se as leis e normas que garantiam a exclusividade de seus direitos (também de proprietário) frente aos outros grupos e indivíduos da sociedade[37].

---

[37] Nas palavras de Marx e Engels (....), a burguesia "despedaçou sem piedade todos os complexos e variados laços que prendiam o homem

Nesta sociedade, todos os indivíduos alcançaram o *status* de igualdade natural e jurídica e, com isso, a propriedade privada deixou de ser privilégio legal deste ou daquele grupo social, tornando-se um direito universal. Nesse sentido, o *ser proprietário* não configura mais um privilégio político, visto que, frente ao estado, este privilégio foi abolido. E, assim, sem fazê-lo na esfera social, "O estado como tal, anula, por exemplo, a *propriedade privada*" (Marx, 1991: 24). Ou seja,

> O estado anula, a seu modo, as diferenças de nascimento, de status social, de cultura e de ocupação, ao declarar o nascimento, o status social, a cultura e a ocupação do homem como diferenças não-políticas, ao proclamar todo membro do povo, sem atender a estas diferenças, coparticipante da soberania popular em base de igualdade, ao abordar todos os elementos da vida real do povo do ponto de vista do estado (Marx, 1991: 25).

Devido a isso, pode-se atestar que o burguês é burguês porque é proprietário, mas jamais que ele é proprietário porque é burguês, visto que o *ser burguês* é um atributo individual e privado, mas não "natural" ou público (jurídico-político). Ao contrário, nas épocas e lugares em que o capital não era o regente das relações sociais e a desigualdade socioeconômica já estava instaurada, um nobre ou patrício que, por razões diversas, perdia sua propriedade não era (ao menos não imediatamente) despojado de suas qualidades nobiliárquicas, ainda que, por isso, padecesse das mais

---

feudal a seus "superiores naturais", para só deixar subsistir, entre os homens, o laço do frio interesse, as cruéis exigências do "pagamento à vista".

diversas agruras. Enquanto isso, na sociedade burguesa, um indivíduo qualquer é, torna-se ou mantém-se burguês exclusivamente em razão de sua propriedade[38]. Para a burguesia, portanto, mais do que qualquer outra classe proprietária, a propriedade privada é o limite inexpugnável e a bússola orientadora de sua visão de mundo. Uma classe dominante cujas atividades econômicas não constituem meios para a satisfação de suas necessidades (reais ou ilusórias) de dignificação de sua propriedade e/ou de si, mas para a acumulação (reprodução ampliada) de capital – ou seja, que tem a valorização do valor como fim em si –, não tem interesse por esta ou aquela *forma específica* de propriedade, mas pela propriedade sem adjetivos, pela propriedade *em geral*.

Outrossim, como classe de proprietários *par excellence*, mesmo quando ainda fazia parte do "povo" (ou, nos quadros de representação do Antigo Regime, do Terceiro estado) – e, portanto, progressista, ainda cumpria uma *inequívoca* e *abrangente* "missão civilizatória" –, a burguesia sempre possuiu certas características de *classe dominante*[39]. O que, segundo Laski, produziu uma

[38] Daí que, ainda em pleno século XIX, o casamento da prole do burguês com a de um nobre falido pudesse ser, para este, um bom negócio, mas uma desonra e um declínio no *status* social; para aquele, em termos imediatos, um mau negócio, mas uma honra e uma promoção social.

[39] Sobre isso, são esclarecedores os debates de Putney, que, em 1647, demonstraram quão forte era, excetuando-se os *diggers*, a consciência de proprietários presente nos diversos lados em disputa (*cf.* MacPherson, 1979). Século e meio depois (1789), uma frase escrita pelo cavalheiro De Moret e citada por Jaurès em sua *Histoire socialiste de la révolution française*, explicita bem a mesma consciência burguesa durante a revolução: "Estamos errados em pensar no Terceiro estado

situação segundo a qual, ao mesmo tempo em que, por meio de suas ideias liberais, a burguesia "Procurou aliviar todos os entraves que a lei pudesse impor ao direito de acumular propriedade /.../, [ela] descobriu que a reivindicação desse direito envolvia o surgimento de um proletariado disposto a atacar as suas implicações (Laski, 1973: 11). Por isso, para ela, certa clareza conceitual acerca da natureza da propriedade e das suas relações com os outros aspectos da realidade social – uma conquista necessária e amplamente alcançada em seu período progressista – também constituiu, desde seus primeiros embates com as práticas e ideias feudais, uma virtude e uma vicissitude simultâneas. Uma virtude ao intensificar (ou melhor, quando intensificava) os seus argumentos e a potência de seus golpes às forças sociais e intelectuais conservadoras e reacionárias. Uma vicissitude ao municiar aqueles que, abaixo dela, colocavam (e colocam) em risco seus bens ou, até mesmo, sua própria distinção social.

Se, no entanto, há muito tempo as ideias burguesas carregam contradições inerentes à situação contraditória da classe social que as impulsionou, a maioria de seus ideólogos enfrentou essas contradições, até certo momento, mesmo que não as resolvesse, com altaneiro espírito científico[40]. Com as revoluções burguesas (ascensão da burguesia à classe econômica e politicamente dominante) e a crescente ameaça do proletariado à sua hegemonia política e social, essas

---

como uma única classe; compõe-se, de fato, de duas classes cujos interesses são diferentes e até opostos" (*apud* Laski, 1973: 161).

[40] "Nessa época [período progressista], os grandes pensadores não hesitavam – na análise da nova objetividade – em apontar o seu caráter intimamente contraditório" (Coutinho, 1972: 21).

contradições passaram a ser dissolvidas e/ou analiticamente refinadas na *esfera das ideias*, mas não criticamente enfrentadas. E não somente porque isto demandaria a devida assunção do ônus *prático* acarretado pelas verdades descobertas, mas pelo fato de que "essas contradições [entre capital e trabalho, socialização do trabalho e apropriação individual dos produtos etc.] /.../ passam, no período da decadência, a constituir um limite intransponível à apreensão da verdade objetiva" (Coutinho, 1972: 21). Portanto, por motivações objetivas, e não por debilidades intrínsecas a individualidades específicas – mesmo que, como é o caso, tais motivações debilitantes ganhem expressão e contornos subjetivos nessas individualidades –, tem-se um estreitamento das possibilidades de apreensão racional e objetiva da realidade sob o prisma social e ideológico da classe burguesa.

RONALDO GASPAR

3. PROPRIEDADE, PODER POLÍTICO E LIBERDADE

No âmbito das relações do governo e da sociedade com o indivíduo, ou seja, no âmbito da liberdade individual, o *laissez-faire* de Stuart Mill assume contornos ainda mais extremos do que na economia e, em consonância com os outros aspectos de suas reflexões, bastante contraditórios. Nesse campo, longe de desaparecer, a propriedade privada encontra-se subsumida na esfera mais abstrata da política e da moral, constituindo uma espécie de eminência parda no ordenamento da teoria. Para compreender isso, retornemos a uma das mais conhecidas e importantes asserções de Locke, a qual se encontra no âmago do pensamento liberal: "Ainda que a terra e todas as criaturas inferiores pertençam em comum a todos os homens, cada um guarda a propriedade de sua própria pessoa; sobre esta ninguém tem qualquer direito, exceto ela" (Locke, 2001: 98). De acordo com esta asserção, o indivíduo é livre porque é proprietário de si mesmo, e é a propriedade de si que lhe garante o direito de ter outras propriedades e, inclusive, delas usufruir e a elas desenvolver. Assim, mais do que vínculos estreitos e horizontais com a propriedade (privada), a liberdade possui um vínculo de dependência, pois, no pensamento liberal, a propriedade é condição da liberdade. Diz Mill, "O fundamento de tudo é o direito dos produtores àquilo que eles mesmos produziram" (Mill, 1983(I): 193). Por isso, não sendo proprietário de seu próprio corpo, o escravo não é livre porque não pode exercer livremente sua mobilidade pessoal, nem suas atividades produtivas e, muito menos, ser proprietário daquilo que produz. O escravo insere-se numa

> categoria de servidores /.../ que, sendo cativos aprisionados em uma guerra justa, estão pelo direito de natureza sujeitos à dominação absoluta e ao poder absoluto de seus senhores. Como eu disse, estes homens tiveram suas vidas capturadas, e com elas suas liberdades, perderam seus bens – e estão, no estado de escravidão, privados de qualquer propriedade – e não podem nesse estado ser considerados parte da sociedade civil, cujo principal fim é a preservação da propriedade (Locke, 2001: 131-2).

Sua liberdade, portanto, exige que ele se torne proprietário de si mesmo, pois somente na condição de proprietário de si ele poderá desfrutar dos prazeres da liberdade, tendo o direito de não ser apropriado pelos outros e nem desapossado daquilo que é seu – ou melhor, do que agora é seu. Para ter direitos, os produtores precisam ser indivíduos livres. Como *objeto*, como *coisa*, os produtores não têm direito algum, a não ser o de fazer aquilo que lhes for designado e de usufruir daquilo que lhes for dado[41]. Sinteticamente, para serem proprietários daquilo que produziram, os produtores precisam, antes, ser proprietários de si mesmos: daí, no pensamento liberal, ser a propriedade o fundamento da

---

[41] Afora o sentido discutido em tópico anterior, o escravo pode ser proprietário de objetos apenas em situações específicas, anômalas, não adquirindo esta esquizofrênica propriedade reconhecimento político e, portanto, configuração legal. De qualquer modo, tais situações não alteram a essência e o princípio legal da escravatura, pois a generalização desta situação apenas poderia mensurar o quanto essa instituição não estava plenamente consolidada ou, quiçá, já se encontrava em franca decadência.

liberdade e, com ela, da justiça. Todas as outras liberdades que o indivíduo possa ter fundamentam-se nessa premissa: a propriedade (privada).

Pode-se dizer que, desde a Revolução Inglesa (1640-88) e as radicais conclusões extraídas pelos niveladores (*levellers*) dessas relações entre propriedade, poder político e liberdade, o pensamento liberal se defronta com impasses e incongruências nos âmbitos da teoria e da prática políticas oriundas das articulações entre esses elementos. Essas dificuldades não possuem seus fundamentos na incapacidade intelectual e político-administrativa dos pensadores e políticos que o sustentam (e sustentaram) e o colocam (e colocaram) em prática na ação governamental, mas em sua *natureza classista* e, especificamente, na natureza da classe social que o engendrou, acompanhando *pari passu* as transformações da sociedade burguesa.

Na época de Mill, a despeito dos retrocessos da Restauração monárquica, já havia se constituído, na Inglaterra e na França, uma ampla esfera de direitos constitucionais, deixando para trás o tempo das ilimitadas arbitrariedades clericais, monárquicas e das nobrezas feudais. Os indivíduos encontravam-se mais livres, e, a despeito de suas óbvias restrições objetivas, a mobilidade social tornou-se uma característica essencial da época[42]. Porém, de modos distintos, as novas forças – a ascensão das "classes médias" e do proletariado à esfera

---

[42] A França pós-revolucionária "Era a sociedade do *parvenu*, isto é, do homem que se faz por si mesmo, o *self-made-man*, embora isto não fosse completamente óbvio antes que o próprio país fosse governado pelos *parvenus*, isto é, antes que se tornasse republicano ou bonapartista" (Hobsbawm, 2006: 257).

pública e à política – pareciam ameaçar as liberdades recém-conquistadas pela classe burguesa. Pressentindo a nova ameaça, além dos aspectos tratados acima, ele fez longas considerações em suas obras a respeito do impacto dessas mudanças sociais sobre a condição do ser *proprietário de sua própria pessoa*, tratando especialmente de suas consequências sobre o direito do indivíduo *usufruir livremente* de suas capacidades (propriedades) físicas, psíquicas e intelectuais.

Tema abordado em quase todas as suas obras, Mill escreveu um livro sobre ele, intitulado *Sobre a liberdade*, no qual tratou detalhadamente da liberdade civil e social[43]. Além de recuperar inúmeras ideias contidas em obras anteriores, especialmente em seus *Princípios de economia política*, aprofundando-as e ampliando-as, empreendeu novas reflexões sobre o tema. Nele, sua preocupação central pode ser resumida num

> ...princípio muito simples e, como tal, capaz de governar absolutamente as relações da sociedade com o indivíduo no sentido da compulsão e do controle, sejam os meios empregados a força física na forma de penalidades legais ou a coerção moral da opinião pública. Este princípio é o de que o único fim para o qual a humanidade está autorizada, individual ou coletivamente, a interferir na liberdade de ação de qualquer fração de seu número é a autoproteção (Mill, 2000: 206).

---

[43] Cabe-nos lembrar que, segundo Mill, "*Sobre a liberdade* foi um trabalho conjunto, mais direta e literalmente produzido pelos dois [ele e a esposa] do que qualquer outra obra que leva o meu nome. Não há, nesse livro, uma só frase que não revisamos juntos várias vezes, que não resolvemos de mil maneiras, tentando eliminar cuidadosamente as falhas detectadas, tanto de conteúdo como de expressão" (Mill, 2007: 209).

Trata-se, afirma ele, de analisar "a natureza e os limites do poder que a sociedade legitimamente exerça sobre o indivíduo" (Mill, 1991: 45). Ao contrário dos antigos, para os quais "Liberdade significava a proteção contra as garantias dos governantes políticos" (Mill, 1991: 45), para os homens do mundo moderno, liberdade significa proteção do indivíduo contra a tirania social, seja esta oriunda do governo ou da própria sociedade. Desde suas origens, o pensamento liberal tem como característica a defesa de garantias constitucionais (legais) para que o *poder político* seja restringido em sua esfera de atuação sobre o povo, donde os indivíduos devem ser protegidos não apenas em suas mútuas relações, mas, tão importante quanto, das incursões arbitrárias deste poder sobre suas vidas, propriedades e... liberdade. Superada a condição de súdito, o agora cidadão, que sustenta o poder político por meio dos impostos, passou a considerar que não há nada mais justo do que ele (o próprio povo) eleger seus mandatários, seus delegados. Desse momento em diante, tornou-se necessário "que os governantes se identificassem com o povo, /.../ que o interesse e a vontade deles fossem o interesse e a vontade da nação" (Mill, 1991: 47). Nos limites do horizonte ideológico das classes burguesa e pequeno-burguesa, o ápice teórico desse processo foi o pensamento de Jean-Jacques Rousseau, para quem "a soberania, não sendo senão o exercício da vontade geral, jamais pode alienar-se" (Rousseau, 1987: 43-4). Isto porque "o soberano, que nada é senão um ser coletivo, só pode ser representado por si mesmo. O poder pode transmitir-se; não, porém, a vontade" (Rousseau, 1987: 44). No mundo moderno, porém, essa democracia direta jamais se realizou, nunca tendo ultrapassado a forma de um postulado teórico. Em condições muito distintas, sob o sufrágio universal e os mandatos representativos, a soberania popular – ao menos em termos jurídico-políticos e ideológicos – pareceu consumar-se com a democracia indireta. E, na verdade, até 1848, apenas no contexto da república jacobina, a única a ter implementado o sufrágio *universal* masculino[44].

Mas se o povo é o governante, qual o interesse em limitar o raio de ação do poder político se este nada mais é do que o próprio poder do povo sob a forma estatal? O problema, segundo Mill, é que enquanto se manifestava apenas em "aberrações temporárias, como as da Revolução Francesa" (Mill, 1991: 47), não parecia fazer muito sentido exigir a limitação do poder popular; mas, quando ele se tornou algo regular, um fato comum nas sociedades modernas, percebeu-se que "O 'povo' que exerce o poder não é o mesmo povo sobre quem o poder é exercido, e o falado *self-government* não é o governo de cada qual por si mesmo, mas o de cada qual por todo o resto" (Mill, 1991: 48). Um governo do povo, portanto, não é jamais um governo de *todo* o povo, mas sim daquela *parte* do povo que governa por ser mais numerosa ou ativa[45] – "a maioria, ou aqueles que logram êxito em se

---

[44] Na França pós-revolução de fevereiro de 1848. Nos Estados Unidos, que já contava com maior participação política do povo, além das mulheres, os indígenas, os escravos e os homens negros livres não tinham direito ao voto. Na Inglaterra, apenas com "a Lei da Reforma do ano de 1884, que concedia voto aos trabalhadores agrícolas" (Schapiro, 1965: 65), instaurou-se o sufrágio universal.

[45] Para ele, "a 'tirania do maior número' se inclui, hoje, entre os males contra os quais a sociedade se deve resguardar" (Mill, 1991: 48).

fazerem aceitar como a maioria" (Mill, 1991: 48). Nas consequências dessa "ascensão do povo ao poder", assim como nas contrapartidas legais necessárias ao resguardo das propriedades e liberdades individuais frente ao poder político (do povo), residem as principais preocupações políticas de Mill e, por conseguinte, tanto as virtudes quanto as vicissitudes de seu pensamento.

Seus princípios liberais e a valorização das liberdades individuais amparadas pelo estado não o levaram a qualquer questionamento da *natureza* do poder político e dos valores morais que visam à conformação das condutas individuais, o levaram, isto sim, a uma preocupação de caráter prático: "como fazer o ajustamento apropriado entre a independência individual e o controle social", pois esta "é [uma] matéria na qual quase nada está feito" (Mill, 1991: 49). Mill considerava que, historicamente, os limites do poder político e os valores que regem os ajustamentos individuais às normas sociais não têm sido baseados na *razão* e na *tolerância*, mas no *costume*, para o qual, "geralmente, não se considera necessário apresentar razões, quer aos outros, quer a si mesmo" (Mill, 1991: 49). Por isso, como um dos aspectos mais importantes de sua cruzada pelas liberdades individuais, nesta crítica ao costume também reside *uma* das motivações de sua defesa da interferência governamental na educação[46]. Interferência que, sem negar o *laissez-faire* – e, portanto, a concorrência (das escolas privadas e confessionais) e a escolha individual –, proporcione condições para que

---

[46] Ainda que, frise-se, o governo jamais "deve reclamar monopólio" nesta área, nem mesmo obrigar e dotar de vantagens quem frequente suas escolas (*cf.* Mill, 1983(II): 405).

uma educação elementar (filosófica, científica e moral) seja fornecida, na infância, a "todos os seres humanos incorporados à comunidade" (Mill, 1983(II): 405). Uma educação que sirva como contraposição à moralidade difundida pela inércia, sobretudo nas famílias e nas instituições religiosas. Considerava, ainda, que foi o não-enfrentamento *racional* (ou o enfrentamento deficiente) do despotismo do costume ao longo do tempo que acabou fazendo com que tais ajustamentos tenham ocorrido ao sabor das simpatias e antipatias mais diversas – e, não obstante as diferenças de perspectivas, sempre com traços de dogmatismo e/ou intolerância em relação às condutas divergentes. Até mesmo os indivíduos mais visionários, diz ele, "Preferiram tentar a transformação dos sentimentos humanos quanto às particularidades nas quais eles próprios agiam como heréticos a fazer causa comum, em defesa da liberdade, como heréticos em geral" (Mill, 1991: 51). Enfim, exaltação da liberdade e dos direitos individuais, é justamente a defesa dessas ideias que permeia o seu livro *Sobre a liberdade*. Nele, também ficamos sabendo que

> O único propósito com o qual se legitima o exercício do poder sobre algum membro de uma comunidade civilizada contra sua vontade é impedir dano a outrem. O próprio bem do indivíduo, seja material seja moral, não constitui justificação suficiente (Mill, 1991: 53).

Eis então que, após o delineamento desse propósito, ele nos apresenta o aspecto essencial de sua concepção: "A única liberdade que merece o nome é a de procurar o próprio bem pelo método próprio, enquanto não tentamos desapossar os outros do que é seu, ou impedir seus esforços para obtê-lo" (Mill, 1991: 56). Com ela, sugestivamente, mesmo que ele praticamente não trate dos assuntos econômicos neste livro, vemos que, no âmago de sua conceituação de liberdade, emerge a propriedade, e não apenas as "propriedades" espirituais e corporais (pensamento, expressão, ação etc.), mas, sobretudo, a propriedade privada (meios de produção e bens de consumo). De maneira sub-reptícia, a sórdida propriedade privada adentra no ato principal da imaculada peça política para reforçar a ideia de que não há liberdade sem o respeito a ela. Isto é plenamente compreensível, visto que, sob o ambíguo prisma liberal, sendo propriedade as qualidades pessoais e os resultados do esforço (do trabalho ou da frugalidade) individual, qualquer violação que o indivíduo possa sofrer em sua condição de proprietário é uma violação simultânea de sua liberdade (de usufruto de suas qualidades e de seus bens exteriores). Se não for proprietário, ele somente pode sobreviver como pária (vivendo da caridade alheia) ou submetido à propriedade (e, com isto, à vontade) de outrem, seja de modo integral, pleno (escravo) ou parcial (servo) – de um modo ou de outro, não será livre (ou, ao menos, não o será plenamente). Se for proprietário (de suas qualidades e/ou de seus bens), ele perde sua liberdade com a violação de sua propriedade; como sua propriedade também é corporal e espiritual, sua liberdade deve, logicamente, estender-se aos direitos de expressão do corpo e do espírito. Pode-se dizer, assim, que o cerceamento desses direitos é uma violação tanto da liberdade (de consciência, expressão) quanto da propriedade (das faculdades corporais e espirituais)[47]. Por conseguinte, sendo proprietário do seu corpo, a salvaguarda dos direitos individuais, sobretudo quando são ameaçados pela maioria (segundo Mill, representada pelo governo democrático ou pela opinião pública), exige que os indivíduos (proprietários) possam se defender pelo uso da razão (até mesmo porque, nesse caso, a força se encontra do lado oposto) – ou seja, pela "discussão livre e racional" (Mill, 1991: 54) – e, portanto, que valorizem a liberdade de consciência (pensar, falar, discutir e escrever) e apoiem a educação elementar universal.

De fato, poucos foram os pensadores que defenderam a liberdade de consciência com tanta ênfase

---

[47] "O que os filósofos diziam sobre a liberdade de consciência e de expressão era facilmente transferível para a ideia de propriedade. Graças a essa transferência, o burguês pode construir uma ética social com sanções que não interfiram com os seus objetivos [econômicos]" (Laski, 1973: 127). No entanto, a questão ganha contornos ainda mais complexos quando se adentra no universo do trabalho assalariado e, assim, no da força de trabalho como propriedade. Pois, como se sabe, o caráter mercantil (e não de dependência pessoal) do vínculo que une o trabalhador aos meios de objetivação do trabalho, expresso no contrato de trabalho – cujos termos definem tanto o uso da força de trabalho pelo empregador quanto a remuneração do trabalhador assalariado –, mascara o laço de subordinação que une este àquele. Através dele, o trabalhador, em troca de um salário, coloca-se à disposição do empregador – aparentemente, por vontade própria, pois o contrato firma o acordo estabelecido por dois sujeitos livres, e não a dependência pessoal (escravidão, servidão, etc.) –, e este, por sua vez, apropria-se das capacidades físicas e psíquicas daquele para colocar em movimento, vigiar, planejar, etc., de acordo com finalidades e modos de organização do trabalho predefinidos, o complexo fabril, o comércio, o banco, enfim, a empresa que o contratou. Assim, ainda que *formalmente* o contrato de trabalho seja o resultado da vontade de sujeitos livres, a subordinação do assalariado ao empregador é seu conteúdo essencial (*cf.* Marx, s/d.).

quanto Mill. Para ele, revelando também aqui seus lastros iluministas, "o mal específico de impedir a expressão de uma opinião está em que rouba o gênero humano" (Mill, 1991: 60), dificultando a correção dos erros "pela discussão e pela experiência" (Mill, 1991: 61). Com a censura e a proibição da expressão da consciência, tem-se o empobrecimento correlato dos indivíduos e do gênero, pois, dentre tantas outras afirmações com o mesmo teor, diz ele: "o único meio de um ser humano aproximar-se do conhecimento completo de um assunto é ouvir o que sobre ele digam representantes de cada variedade de opinião, e considerar todas as formas por que cada classe de espíritos o possa encarar" (Mill, 1991: 64). E, isto, independentemente de sua classe social; logo, para ficar nos extremos, do fato de ser burguês ou proletário – ou seja, do fato de ser proprietário de si e de bens ou, apenas, proprietário de si (isto é, não-proprietário).

Para Mill, deve-se ainda reconhecer que, se todas as opiniões estão sujeitas ao erro, o mesmo ocorre com as experiências delas derivadas. Por isso, a não ser o dano a outrem, não deveria haver qualquer impedimento legal ou oriundo da "opinião pública" que constrangesse e, até mesmo, obrigasse o indivíduo a agir de maneira distinta, pois "Onde a norma de conduta não é o próprio caráter, mas as tradições e costumes alheios, falta um dos principais ingredientes da felicidade humana, e, de modo completo, o principal ingrediente do progresso individual e social" (Mill, 1991: 98). Tal como a censura das opiniões, o cerceamento do livre desenvolvimento das individualidades constitui um atentado contra o próprio desenvolvimento humano, seja porque ele é "um dos elementos essenciais da essência do bem-estar" (Mill, 1991: 98) ou, ainda, porque a pluralidade de comportamentos enriquece a espécie com experiências múltiplas[48], visto que, "quando há mais vida nas unidades, há mais vida no todo que delas se compõe" (Mill, 1991: 104). Desse modo, "Não pode estar em condição saudável nenhuma sociedade na qual a originalidade é alvo de censura", pois gostos, talentos e opiniões diversas "constituem a mola mestra do progresso mental e moral" (Mill, 1983(I): 189). Nessas afirmações, que reiteram o princípio liberal de que o indivíduo é preexistente à socialização[49], Mill considera que o tempo da espontaneidade e individualidade que colocam em risco a ordem social já passou, pois, cada vez mais, "o perigo que ameaça a natureza humana não é o excesso, mas a deficiência dos impulsos e preferências pessoais" (Mill, 1991: 102). Não é a acefalia de uma sociedade em que individualidades idiossincráticas adquirem importância crescente e, ao negar as normas de convívio social, colocam em risco a própria sociedade (como, para Mill, ocorria na Antiguidade e na Idade Média), mas é o assassínio da "vontade autônoma" pela

---

[48] Não há dúvida acerca da "importância que representa, para o homem e a sociedade, a existência de uma grande variedade de tipos de caráter e a plena liberdade para que a natureza humana possa se expandir em direções inumeráveis e opostas" (Mill, 2007: 210).

[49] A presença deste princípio teórico permeia toda sua obra, embora Mill não compartilhe, com os liberais d'outrora, as ideias que afirmam a fundação social num contrato original entre indivíduos – contrato do qual se "deduzem as obrigações sociais" (Mill, 1991: 117). Como diz Hunt, "ele tinha lido muito sobre História *concreta* e não inventou uma 'história' da propriedade privada e da riqueza na qual as pessoas virtuosas e com iniciativa acumulavam capital e os pecadores perdulários esbanjavam tudo, a ponto de suas famílias nada terem" (Hunt, 1981: 211 – itálico no original).

tirania da opinião pública o problema da sociedade moderna. "Hoje, os indivíduos estão perdidos na multidão", e eles compõem "sempre uma massa, isto é, mediocridade coletiva" (Mill, 1991: 107). E, numa certa concessão aos socialistas, ele concebe que essa mediocridade não é amenizada pelo fato de que, "Onde haja uma classe dominante, uma grande parte da moralidade nacional emana de seus interesses de classe e dos seus sentimentos de superioridade de classes" (Mill, 1991: 50), pois o costume não se torna uma virtude pela moralidade que o orienta emanar da classe dominante e não das classes subalternas[50]. Numa outra formulação sobre o tema, ele diz: "O despotismo do costume é por toda a parte o obstáculo constante ao avanço da humanidade" (Mill, 1991: 111). E, num dos arroubos eurocêntricos que permeiam seus escritos, ele considera o costume uma força tão inercial para o desenvolvimento humano que chega à afirmação de que "a maior parte do mundo não tem história, por ser completo o despotismo do costume. É o que se verifica por todo o Oriente" (Mill, 1991: 112). Na Europa, assolada pelo mesmo despotismo, este se apresenta de outro modo, pois, ali, se a força do costume "proscreve a singularidade, não exclui a transformação desde que tudo se transforme junto"

---

[50] Um exemplo disto é o conjunto de restrições que, desde tempos imemoriais, as mulheres estão sujeitas. Em si mesmo, este fato agrava sobremaneira a busca pela felicidade humana por parte da metade da população, sendo que "Nada é mais necessário para a completa remoção do mal [que aflige a busca pela liberdade e pela felicidade] do que gozarem as mulheres dos mesmos direitos, e deverem receber a proteção da lei da mesma maneira, que todas as outras pessoas" (Mill, 2001: 148). Para maior esclarecimento acerca das ideias de Mill sobre o assunto, ver seu livro *A sujeição das mulheres*.

(Mill, 1991: 112)[51]. Portanto, segundo Mill, seja no Oriente seja no Ocidente, a individualidade está sendo proscrita da sociedade pela inércia do costume e, o que nada mais é do que a outra face deste, pela força da maioria.

Devido à gravidade do problema, Mill considera que, tanto em profundidade quanto em extensão, urge o combate à massificação de opiniões e comportamentos. Utilizando um argumento similar ao que La Boétie utilizou ao tratar da relação entre servidão e liberdade em *A servidão voluntária*, ele sublinha que "A humanidade se torna rapidamente incapaz de conceber a diversidade se por muito se desacostumou de vê-la" (Mill, 1991: 115), o que o leva ao paradoxo de tratar a *liberdade* como uma questão de *costume*. Contudo, este paradoxo não é o aspecto mais importante e pleno de consequências de suas reflexões, este se encontra na resolução que ele aponta para o problema:

no momento em que as opiniões das massas de homens simplesmente medianos se tornaram, ou

---

[51] Sob outra perspectiva, e, portanto, assentado em fundamentos teóricos bastante distintos, Marx analisa os motivos das distintas dinâmicas das sociedades capitalistas (ocidentais) daquelas predominantes no oriente. Assim, nas *Formações econômicas pré-capitalistas*, pode-se ler a seguinte afirmação marxiana sobre o mesmo tema: "A forma asiática necessariamente sobrevive por mais tempo e com mais tenacidade. Isto é devido ao princípio em que se fundamenta, qual seja, o de que indivíduos não se tornem independentes da comunidade, que *o círculo de produção seja autossustentado e haja unidade da agricultura com a manufatura artesanal*" (Marx, 1975: 78 – itálicos meus). E, ainda, no *Manifesto comunista*: "A burguesia não pode existir sem revolucionar incessantemente os instrumentos de produção, por conseguinte, as relações de produção e, com isso, todas as relações sociais" (Marx & Engels, 1998: 43).

estão se tornando, por toda parte, a força dominante, parece que o contrapeso e o corretivo a essa tendência seria a individualidade cada vez mais acentuada das mais altas eminências do pensamento (Mill, 1991: 108).

Num mundo em que a massificação das ideias e comportamentos constitui uma realidade cada vez mais presente, eis o que Mill apresenta como corretivo e contrapeso à inércia habitual da massa: o incentivo ao desenvolvimento e à atuação de homens diferenciados, individualidades que se elevam acima dos "homens simplesmente medianos". Seu incômodo com a proclamada inércia desses homens, assim como com seu suposto correlato, a tirania da opinião pública, é tão intensa que ele considera que "o mero exemplo do não-conformismo, a mera negativa a dobrar o joelho ao costume, já constitui um serviço" (Mill, 1991: 108). Daí asseverar que, ao invés de constrangimentos que os forcem a assumir o comportamento dos homens medianos, "os indivíduos excepcionais devem ser encorajados, e não dissuadidos, a agir diferentemente da massa" (Mill, 1991: 108). Seu *Sobre a liberdade* é, acima de tudo, uma defesa de salvaguardas jurídicas, políticas e sociais que permitam às minorias não serem sufocadas pela maioria, visto que, com as mudanças em curso na Inglaterra no último terço do século XIX, havia um processo de ampliação do sufrágio para parcelas cada vez mais amplas da população[52]. Na França, inclusive, o

---

[52] Porém, foi somente no século XX, mais precisamente em 1911, que a Câmara dos Lordes foi reduzida à impotência política, e, em 1928, que as mulheres também adquiriram direito ao voto (Schapiro, 1965: 66-68).

sufrágio universal foi consagrado pela revolução de fevereiro de 1848, revogado pela burguesia liberal em 1850 e restabelecido por Luís Bonaparte, sendo objeto de grande preocupação e intensas discussões pelos liberais da época (*cf.* Losurdo, 2004: 61 e passim). Em suma, as lutas sociais empurraram, aos poucos, os Estados liberais para a *democracia*, ampliando o "povo" e sua representação no governo e, com isso, dificultando não apenas a participação das minorias no poder político, mas, especialmente, sua capacidade de, nele, decidir alguma coisa.

Além desses problemas da representatividade e da real participação das minorias na condução da vida política e na salvaguarda de seus próprios interesses[53], essa nova relação entre maioria e minoria fez emergir, de maneira quase incontrolável, uma questão importante para os liberais desde a *Revolução Puritana* (1640): como ampliar cada vez mais o espectro de cidadãos ativos e, simultaneamente, manter a estabilidade de uma ordem social reconhecidamente marcada por grandes desigualdades econômicas e sociais? Ou, retomando uma questão discutida alguns parágrafos acima, como garantir a igualdade de direitos e a participação política igualitária para indivíduos de classes (e situações) sociais tão distintas quanto aquela dos proprietários dos meios de produção (burguesia) e a dos proprietários apenas de suas faculdades espirituais e corporais (isto é, do proletariado, dos *não-proprietários* dos meios de produção)?

---

[53] Problema que, sem dúvida, ganhou novos contornos a partir da década de 60 do século XX.

Debatidas nos estágios iniciais da Revolução Inglesa, foi somente com a Revolução Americana (e o curso do desenvolvimento dos Estados Unidos) e a explosão de participação popular nos acontecimentos políticos da Revolução Francesa que as reivindicações democráticas, em sua plenitude, irromperam por todos os cantos, e, especialmente na França e na Inglaterra, tornaram-se questões centrais das lutas políticas. Sobretudo depois que, com os jacobinos, o sufrágio universal (masculino) foi "sancionado pela Constituição de 24 de junho de 1793 (Losurdo, 2004: 15). Este acontecimento é de suma importância porque, mesmo nos Estados Unidos, onde a questão da democracia surgiu no bojo das lutas pela independência e a desigualdade social era muito menos acentuada do que nos países europeus, uma democracia que incorporasse todos os cidadãos livres demorou décadas para ser instituída – sua marca original foi o voto censitário, "a exclusão das mulheres, a opressão dos escravos e o colonialismo dirigido contra as populações indígenas" (Wood, 2003: 185). Mas, do ponto de vista da burguesia liberal, a situação europeia era ainda mais grave do que no alvissareiro país da América, visto que, sobretudo a partir de 1848, as lutas sociais passaram a constituir um aspecto importante de movimentos que almejavam algo muito mais profundo e abrangente no caminho da emancipação das massas populares: o socialismo – e, com ele, a supressão da propriedade privada.

Como muitos pensadores de sua época (tais como os conhecidos exemplos de Benjamin Constant e Alexis de Tocqueville), e outros tantos de décadas posteriores, os crescentes direitos políticos e a presença cada vez mais acentuada das massas populares na esfera pública foram assimilados por Mill com profunda desconfiança. E mesmo que, em oposição à maioria, ele não visse esta presença apenas sob o signo estrito da negatividade, como, posteriormente, o fizeram Nietzsche, Heidegger, Ortega y Gasset etc., mas de um modo sumamente contraditório, o sentido geral de sua análise acerca dessa presença é sombrio. E o é a tal ponto que, em sua *Autobiografia*, num momento de reflexão sobre o convívio social na sociedade inglesa, reflexão em que predomina o tom de uma aversão aristocrática, lê-se: "Uma pessoa de inteligência superior jamais deveria frequentar círculos sociais incultos, a menos que o fizesse como um apóstolo, única condição em que uma pessoa de objetivos elevados pode participar de tais círculos sem correr riscos" (Mill, 2007: 192). Se o mero contato dos indivíduos excepcionais com a massa inculta pode lhe trazer danos, o que dizer, então, da vida numa sociedade governada por ela? Na resposta a esta questão, a reflexão de Mill sobressaiu como um inequívoco contributo à recomposição da ameaçada hegemonia burguesa, pois, sem negar abertamente, suas ideias incorporaram, sublimaram e desorientaram certas aspirações populares e socialistas.

Na lógica reflexiva de Mill, pode-se argumentar que, sendo certos indivíduos dotados (proprietários) de qualidades espirituais superiores, suas ações devem primar por serem, também elas, mais adequadas, superiores. Em seu *Governo representativo*, considerações como esta levaram Mill a indagar-se se, na esfera do poder político, tais propriedades (ou qualidades) devem ser subsumidas na equalização desses indivíduos aos outros ou, ao contrário, dotar-lhes de um peso relativo maior nas decisões referentes à vida pública. Diz ele:

> Quando duas pessoas que têm interesses associados em qualquer assunto diferem de opinião, exige acaso a justiça que se considerem as duas opiniões exatamente do mesmo valor? Se, com virtude igual, um é superior ao outro em inteligência e conhecimento, ou se, com igual inteligência, um excede ao outro em virtude, a opinião, o julgamento do indivíduo de moral ou inteligência mais elevada vale mais do que o da inferior /.../. Um dos dois, por ser mais sábio ou melhor, tem direito a importância maior (Mill, 1964: 116).

Bastante comum no pensamento liberal, o convívio da afirmação das liberdades individuais com a restrição da participação política foi defendida até mesmo pelos niveladores, tidos por alguns como os primeiros *democratas radicais*. Para eles, defensores dos direitos civis e religiosos a todos os indivíduos – "As liberdades civis e religiosas têm que ser para todos, ou acabarão não sendo para ninguém" (MacPherson, 1979: 154) –, o direito ao voto deveria ser restrito, pois "aqueles que se tornavam assalariados ou mendigos /.../ cassavam seu próprio direito natural à voz em eleições" (MacPherson, 1979: 134). De modo sintomático, os niveladores não falavam em *pobreza*, mas em ser ou não ser *proprietário*: "A pobreza, medida pelos padrões de vida, não era a mesma coisa que dependência da vontade alheia" (MacPherson, 1979: 160). Ao tornar-se um assalariado, o indivíduo subsome seu trabalho – e, com ele, a si mesmo – na propriedade do patrão e, portanto, sua vontade na dele, pois não tem mais interesse nas funções mais importantes do poder político: ao lado da vida, a garantia do direito ao trabalho como propriedade individual (isto é, do uso livre de suas capacidades em benefício próprio) e à propriedade de seus resultados. Em razão disso, MacPherson afirma que "se os niveladores tinham consciência de classe, tinham também consciência de propriedade" (MacPherson, 1979: 166); por isso, prefere denominá-los não de democratas, mas de *liberais radicais*.

Nos Estados Unidos, inclusive nas ideias do mais reverenciado democrata que participou da revolução pela independência, Thomas Jefferson, o pré-requisito propriedade constituía um elemento primordial para o assentamento da liberdade e do direito à participação política. Para Jefferson, o sufrágio universal (masculino) deveria concretizar-se "não por meio da abolição dos requisitos de propriedade, mas dando completas oportunidades para sua aquisição e para a consequente qualificação para o voto" (Schapiro, 1965: 117). Foi somente nas décadas de 1810 e 1820, anos que precederam e possibilitaram a democracia jacksoniana, e, com ela, o acirramento das mobilizações populares, que alguns estados norte-americanos eliminaram a propriedade como pré-requisito para o direito ao voto.

A Revolução Inglesa, cujo desfecho final deu-se com a Revolução Gloriosa, constituiu, no curso da ascensão e da consolidação do poder político da burguesia, o exemplo clássico dessa articulação entre liberalismo e restrições no direito ao voto e à influência popular nas esferas do poder. Tanto que, por mais de dois séculos e meio, a restrição censitária foi um dos instrumentos político-institucionais por meio dos quais a burguesia buscou fornecer estabilidade à sua dominação sociopolítica na Inglaterra, fazendo, em razão disso, a monarquia constitucional tornar-se uma referência para os liberais do continente[54] – excetuando-se apenas os mais radicais, como Rousseau e seus discípulos jacobinos.

Com a ascensão do movimento operário, no entanto, a restrição censitária tornou-se cada vez mais indefensável, ainda mais após a consolidação da democracia estadunidense. Tanto que, mesmo Stuart Mill, com seu espírito aristocrático, considerava que "Nenhum arranjo dos sufrágios, portanto, pode ser permanentemente satisfatório quando dele se exclui permanentemente qualquer pessoa ou classe, e quando não se faculta o privilégio eleitoral a todas as pessoas de maior idade que desejem obtê-lo" (Mill, 1964: 112). E não somente porque, na visão de Mill, alijado dos instrumentos de participação e decisão na esfera política, o indivíduo poderia ter uma *postura ativa de oposição* aos interesses públicos, mas também porque o alijamento do sufrágio contribuiria igualmente para o *descompromisso* do indivíduo insatisfeito com aqueles interesses, subtraindo a própria legitimidade das ações governamentais e desperdiçando as mais virtuosas forças e capacidades individuais no esforço de progresso da nação. Pois, diz Mill, "nada mais certo do que dever-se o melhoramento dos negócios humanos aos caracteres descontentes e, além disso, é muito mais fácil ao espírito

---

[54] Dos muitos adeptos do sistema inglês, Montesquieu e Voltaire são os exemplos clássicos.

ativo adquirir as virtudes da paciência do que ao passivo revestir-se das da energia" (Mill, 1964: 43). Ou ainda, numa outra formulação, ele assevera: "O indivíduo satisfeito, ou a família satisfeita, que não tem a ambição de tornar a outrem mais feliz, ou de promover o bem do país ou da vizinhança, ou de melhorar a si em excelência moral, não desperta em nós nem admiração nem aplauso" (Mill, 1964: 45). Entretanto, sua defesa do indivíduo politicamente ativo e sua posição favorável à universalização do sufrágio não negavam, de modo algum, sua profunda aversão ao "governo da maioria", especialmente se este significasse o "governo da classe trabalhadora". Ele considerava que, *sem os contrapesos e aperfeiçoamentos* por ele propostos, a democracia fundada no sufrágio universal resultaria, isto sim, num tipo de governo cujo "poder absoluto, se o preferisse exercer, ficaria com a maioria numérica; e essa se formaria exclusivamente de uma única classe, semelhante em inclinações, preconceitos e maneiras gerais de pensar, e, para não dizer mais, que não seria a mais altamente culta" (Mill, 1964: 109). Por isso, à democracia plena, ele preferia (e postulava) uma democracia baseada numa *representação qualitativa*, uma espécie de *sofocracia*.

Para Mill, uma democracia qualitativa assentada no voto plural (em que, dependendo de seu nível educacional, os indivíduos pudessem ter votos com pesos distintos) constituiria o mais adequado modo de garantir que as ações governamentais exprimissem as virtudes de uma minoria esclarecida, depurando o poder político do "peso numérico da classe menos educada" e, até mesmo, das "influências de classe" em geral (*cf.* Mill, 1964: 109; 120 e passim). O *filtro* para o voto e a representação parlamentar não seria, portanto, a *indefensável* condição de proprietário (voto censitário), preferência dos liberais de sua época, mas a excelência da individualidade.

> Apresso-me a declarar, diz Mill, que considero inteiramente inadmissível, exceto como expediente temporário, que se confira a superioridade de influência à importância da propriedade /.../ O único motivo que justifique contar-se com a opinião de uma pessoa como equivalente a mais do que uma é a superioridade mental individual; e o de que se precisa é de algum meio para averiguá-la (Mill, 1964: 117).

Ocorre que, como é notório, o acesso à educação (isto é, aqui, esclarecimento filosófico-científico) demanda "relacionamentos humanos virtuosos" e o acesso a recursos materiais e institucionais. Além disso, os próprios critérios de avaliação da educação dos indivíduos já carregam o fardo ideológico daqueles que, no contexto vigente, são socialmente privilegiados e, com isso, portadores primordiais da educação prevalecente[55]. E, diga-se, esta questão é tão complexa que, ao refletir sobre critérios que possam servir de classificação dos indivíduos quanto à inteligência, e reconhecendo as dificuldades de fazê-lo caso a caso, Mill acabou *dando com uma mão o que havia retirado com a outra,*

---

[55] Ele próprio reconhece isto ao afirmar que "a educação, em muitos países, embora em geral proporcionada à riqueza, é, na média, melhor na parte mais rica do que na parte mais pobre da sociedade" (Mill, 1964: 117). Ou ainda, nas precisas palavras contidas n'*A ideologia alemã*, de Marx e Engels (1987: 72): "As ideias (*Gedanken*) da classe dominante são, em cada época, as ideias dominantes; isto é, a classe que é a força *material* dominante da sociedade é, ao mesmo tempo, sua força *espiritual* dominante" (itálicos no original).

pois afirma que, na ausência de critérios mais eficientes, "a ocupação da pessoa serve, até certo ponto, de prova" (Mill, 1964: 117). E, como arremate, numa reflexão de clareza exemplar (que, se tivesse outra procedência, poderia até ser qualificada como ingênua), ele reitera:

> O empregador é, em geral, mais inteligente que o trabalhador; visto como tem de trabalhar com a cabeça, enquanto o último trabalha com as mãos. O capataz é geralmente mais inteligente do que o trabalhador comum, e o trabalhador especializado mais do que o trabalhador comum. Banqueiro, homem de negócios ou fabricante é provavelmente mais inteligente do que o vendeiro, por ter interesses mais amplos e mais complicados a gerir (Mill, 1964: 117).

Sua excelência política intelectual (*sofocracia*) seria, então, uma expressão política das classes economicamente dominantes; algo que, obviamente, Mill não poderia admitir, pois isto comprometeria seu princípio de que o governo jamais pode ser a expressão dos interesses de classe (o que, em larga medida, mesmo sem tais privilégios políticos, ainda ocorre nos dias atuais). Como tais indivíduos constituem a minoria da sociedade, teríamos, na visão de Mill, tanto o afastamento do "indesejado" poder da "maioria inculta" e do "governo de classe" quanto, nas esferas do poder político, a prevalência de uma minoria selecionada. Sobre isto, diz ele: "A distinção a favor da educação, justa em si, recomenda-se ainda mais e fortemente por preservar os educados da legislação de classe dos não educados, mas não deverá permitir-lhes a prática de legislação de classe em proveito próprio" (Mill, 1964:

118). Porém, apesar de seus anseios reformistas e sua aversão quase socialista aos privilégios de classe, a propriedade retorna como *deus absconditus* na hierarquização dos eleitores, transmutando-se sob a forma de eleitores mais ou menos intelectualmente preparados. Longe de expressar sua devoção à democracia e ao sufrágio universal, sua defesa do princípio da excelência intelectual apenas oblitera o receio que, apesar de tudo, Mill compartilha plenamente com os liberais de sua época: a aversão à ascensão política das massas populares.

Este receio de Mill acerca das consequências da universalização do sufrágio direto (sem mediações, filtros etc.) também se explicita em suas discussões sobre os modos e ritmos de implantação do voto plural. Para ele,

> embora este privilégio excepcional [do voto plural] pertença atualmente mais à superioridade de meios do que à inteligência, eu não o aboliria onde existisse, desde que, até adotar-se exame mais conveniente para a educação, não seria prudente abrir mão de meio tão imperfeito como o fornecem circunstâncias pecuniárias /.../ até então não será viável obterem-se os benefícios do sufrágio inteiramente universal sem que impliquem, conforme se me afigura, em possibilidade de males mais do que equivalentes (Mill, 1964: 119-20).

Daí sua recomendação sobre a importância de se manter, "por toda parte, a habilitação eleitoral existente, ou fazendo-se acompanhar qualquer alteração nela por um grupamento tal de distritos que impedisse à classe trabalhadora tornar-se predominante no Parlamento" (Mill, 1964: 120). Somente a plena instauração do voto plural poderia minar esta influência numérica da classe trabalhadora e, com isso, produzir um corpo de indivíduos plenamente apto ao exercício do poder em prol do bem comum, sem o cerceamento e a castração política das minorias. Nesse sentido, para Mill, como os primeiros elementos do bom governo são "a virtude e a inteligência dos seres humanos que compõem a comunidade, o ponto mais importante de excelência que qualquer forma de governo pode possuir consiste na promoção da virtude e da inteligência do próprio povo" (Mill, 1964: 24), a propalada educação universal contribuiria assim não apenas para a sustentação da liberdade individual, mas também para a promoção do bem comum[56]. De um modo peculiar, Mill preconizou a ampliação da participação popular e, simultaneamente, a manutenção da restrição ao acesso às esferas do poder político. Preconizou, portanto, a ampliação dos direitos políticos do povo, mas não do poder político do povo para legislar e executar seus próprios direitos.

---

[56] É curioso notar como, a despeito das preferências políticas opostas e dos distintos fundamentos filosóficos de suas ideias, os postulados das mudanças graduais e da educação universal aproximam Mill do pensador e admirado amigo Auguste Comte.

4. Revolução, Reforma Social e Socialismo

Inscrito na tradição liberal, pode-se dizer que o reformismo social de Mill, ainda que seja progressista em relação a certos aspectos relevantes, como na defesa intransigente da liberdade de opinião, da educação universal e da emancipação política das mulheres, se enredou em contradições que o obrigaram a pagar permanente tributo ao conservadorismo. Por conseguinte, sua incapacidade de romper com os fundamentos do liberalismo nos explica porque, após anos de reflexões e amadurecimento intelectual, ele e a esposa, com a qual mantinha profunda comunhão de ideias (Mill, 2007: 192 e passim), chegaram à seguinte conclusão:

> Nós éramos, agora, muito menos democratas do que eu havia sido, pois temíamos a ignorância e, especialmente, o egoísmo e a brutalidade das massas enquanto a educação continuasse sendo deploravelmente imperfeita. Mas o nosso ideal de aperfeiçoamento definitivo ia muito além da democracia e nos classificava decididamente sob a denominação geral de socialistas (Mill, 2007: 194).

Essa canga conservadora também permite compreender porque Mill considerava que a sua última grande mudança intelectual ocorreu com o progresso no entendimento do livro *Democracia na América*, de Alexis de Tocqueville[57]. Por meio dele, afirma que, além dos

---

[57] Conforme um importante pensador político italiano da atualidade, Tocqueville "é apresentado hoje como um teórico da democracia, quando, ao contrário, deve ser incluído claramente entre seus

méritos, se conscientizou dos "perigos específicos que cercam a democracia" (Mill, 2007: 166). Com "as lições de Tocqueville", considerava ter aprendido a se livrar dos excessos doutrinários do *laissez-faire* e da centralização (ou intervenção) governamental. Depois disso, diz ele, com o pragmatismo que lhe era peculiar, "insisti com a mesma ênfase [dos defensores dos dois lados da questão] acerca dos males de ambos os lados e fiz dos meios de reconciliar as vantagens de um e outro um objeto sério de estudo" (Mill, 2007: 168), suavizando, assim, suas férreas convicções no *laissez-faire*.

De certo modo, mesmo sendo mais controversa e, para as lutas emancipatórias, comprometedora, não é errôneo considerar que a visão de Mill sobre o socialismo é dessa mesma natureza, pois emana justamente de sua crença conciliatória na possibilidade de eliminação dos males e de composição das virtudes e vicissitudes de sistemas sociais distintos[58]. Consideração reforçada pelo fato de que, como não conheceu as obras de Karl Marx, suas ideias socialistas eram basicamente aquelas oriundas das experiências cooperativas e das obras dos denominados socialistas utópicos, com as quais temperou seu liberalismo aristocrático com pitadas de reforma social. Por conseguinte, em razão desse desconhecimento das complexas reflexões marxianas sobre o tema e, claro, dos próprios fundamentos liberais de suas ideias, os dilemas propriedade

---

críticos, pelo menos se se considera parte integrante da democracia o sufrágio universal e direto" (Losurdo, 2004: 17).

[58] Inclusive, diz ele, "Ambas as classes devem aprender, na prática, a trabalhar e a se associar tendo em vista propósitos generosos ou, em todo caso, públicos e sociais, e não exclusivamente, como aconteceu até agora, guiados por interesses egoístas" (Mill, 2007: 195).

privada/propriedade comum e capitalismo/comunismo se apresentaram a ele como sendo pouco mais do que escolhas empíricas num gradiente de possibilidades delineado pelo nível educacional dos indivíduos de uma dada sociedade[59]. Nesse contexto, ao se posicionar sobre as perspectivas de construção do socialismo, as oposições egoísmo/altruísmo e *laissez-faire*/centralização estatal eram vistas, sobretudo, a partir das motivações distintas que suscitavam para a manutenção e/ou conquista da liberdade individual e para os esforços do trabalho, dado que, além de serem considerados valores em si, esses aspectos possuiriam inequívocas e positivas implicações econômicas, políticas, morais etc.

O resultado disto é que, em seu pragmatismo político, Mill apresentou uma resolução sumamente problemática para as contradições da sociedade burguesa: fez críticas e exaltou inúmeros aspectos tanto do capitalismo quanto do comunismo, postergando este

---

[59] Num texto em que sobressai o tratamento duvidoso do pensamento marxiano, Celso Lafer (...) considera, nesse caso, acertadamente, que "Stuart Mill não concebia o liberalismo e o socialismo como sistemas opostos, à luz de uma visão do *télos* da história. Por força da tradição inglesa, encarava-os numa perspectiva empírica e crítica, vendo no socialismo menos uma doutrina e mais uma prática política legítima para remover os obstáculos da pobreza sem tolher a liberdade e a competição, dois princípios fundamentais do liberalismo" (Lafer, 1991: 67). A correção da análise sobre o pragmatismo de Mill não implica, necessariamente, que o mesmo represente um progresso intelectual; ademais, não foi devido às possíveis virtudes de uma perspectiva pragmática, antidogmática e antiteleológica que Mill não concebia liberalismo (ou, numa linguagem mais adequada, *capitalismo*) e socialismo como formações sociais radicalmente distintas (se quiserem, opostas), mas por seu entendimento inadequado dos fundamentos socioeconômicos de ambos e, inclusive, de suas confusões acerca da propriedade e da natureza do poder político.

para um futuro distante – a saber, quando a educação provocasse "uma mudança equivalente de caráter, tanto no populacho inculto que hoje compõe a massa trabalhadora como na imensa maioria de seus patrões" (Mill, 2007: 195). Isto porque a nova ordem social exigirá "qualidades tanto morais quanto intelectuais que precisam ser testadas em todos e criadas na maioria" (Mill, 2001: 111). Não surpreende, portanto, sendo tão momentosa sua confiança na educação como instrumento redentor dos problemas sociais, que concebesse que "Não [foi] por meio de qualquer alteração na distribuição de interesses materiais, mas pela divulgação de convicções morais que se chegou a abolir a escravidão africana no Império Britânico e em qualquer outra parte do mundo" (Mill, 1965: 14). Do mesmo modo, a combinação do voto plural com a educação universal *contribuiria* com a instauração de uma sociedade mais justa e igualitária, pois

> quando se consegue trazer os instruídos em geral a reconhecerem certo arranjo social, ou instituição política ou outra qualquer, como boa e outra como má, uma desejável, outra condenável, já se fez muito para proporcionar a uma ou retirar à outra a preponderância de força social que lhe permite subsistir (Mill, 1965: 14-5).

Conforme o próprio Mill, as dificuldades inerentes para que ocorra a realização dessas mudanças intelectuais e morais nos indivíduos, sem as quais uma sociedade fundada na propriedade comum é impensável, o levaram à conclusão de que "os diversos sistemas de administração dos recursos produtivos do país por entidade pública e não privada merecem ser experimentados, e alguns deles podem eventualmente confirmar sua vantagem sobre a ordem de coisas existente" (Mill, 2001: 106). Mais uma vez, Mill opera tal simplificação da relação entre capitalismo e socialismo que, em linhas gerais, transforma o complexo problema em meras questões de administração e de educação. Isto também pode ser verificado quando, sob influência das ideias dos socialistas utópicos, faz considerações sobre as experiências socioeducacionais possíveis para gestar os sujeitos da nova ordem. Nesse momento, suas simpatias recaem sobre o fourierismo, pois, em suas palavras, "Não há praticamente objeção ou dificuldade que Fourier não tenha previsto"; e, o que é melhor, seu sistema se baseia "num princípio de justiça distributiva não tão alto quanto o comunismo, pois ele admite desigualdades de distribuição e de propriedade individual do capital, mas não sua disposição arbitrária" (Mill, 2001: 104). Como se vê, suas *esperanças socialistas* eram, então, depositadas num engenhoso e utópico sistema social assentado sobre o *capital*, a *propriedade individual* e a *desigualdade* (*não arbitrária*, mas, para salvaguardar seu lastro iluminista, *racional*) na distribuição da riqueza[60]. Um sistema cuja "elite da humanidade" poderia promover, mas que ainda teria de "provar sua capacidade de elevar por meio do treino a humanidade em geral ao estado de aperfeiçoamento que propõem" (Mill, 2001: 106). (Inclusive, sem perceber que

---

[60] Lembremos que Mill considerava o voto plural e a educação universal instrumentos de aperfeiçoamento da ordem social estabelecida, mas não de transformação dos seus fundamentos socioeconômicos, por mais que, de algum modo, pudessem contribuir indiretamente para isso.

o "treino da humanidade em geral" significaria certa negação de seus postulados *quase absolutos* de liberdade individual). Daí sua conclusão resignada (e resignante), segundo a qual, "Durante um período muito longo por vir, o princípio da propriedade individual será dominante" (Mill, 2001: 111), pois, ainda segundo ele, "É certo que os homens só poderão ser elevados a este ponto [da supressão da propriedade privada e do convívio fundado sobre a propriedade comum] gradualmente e mediante um sistema cultural que se prolongue durante várias gerações sucessivas" (Mill, 2007: 195). Conclusão que, ademais, não se baseia em sagazes análises sobre as dificuldades da transição socialista, mas nos limites ideológicos de sua classe social – e, portanto, de sua visão de mundo – e do imbróglio teórico que eles ocasionam. Pois, em sua ignorância do pensamento marxiano e, com isso, da práxis na constituição/configuração do ser social, Mill encontrava-se igualmente inabilitado para entender que "o comunismo não é /.../ um *estado* que deve ser estabelecido, um *ideal* para o qual a realidade terá que se dirigir /.../ [É] o movimento *real* que supera o estado de coisas atual. As condições desse movimento resultam de pressupostos atualmente existentes" (Marx & Engels, 1987: 52 – itálicos no original).

Mas não só em relação ao conteúdo, também quanto à forma das transformações sociais (e, com elas, de uma possível transição socialista) Mill possuía uma visão bastante conservadora. Ele considerava que a mudança lenta e gradual era uma simples questão de escolha racional, demonstrando grande aversão às (*sentimentais!*) ideias revolucionárias. Lembremos que até mesmo para o clássico das origens do liberalismo, John Locke, um governo que não atuasse em conformidade com os interesses do povo, um governo que, por exemplo, não fosse capaz de garantir o direito à propriedade (privada) poderia, legitimamente, ser deposto pela revolução. Locke, ainda, considerava que "o direito de revolução é /.../ o único teste efetivo de cidadania" (MacPherson, 1979: 236). Mill, no entanto, sabia que, em oposição às revoluções dos séculos anteriores, em que a propriedade privada não somente ainda carregava a aura da inviolabilidade como, mais do que isso, as revoluções tinham por finalidade elevá-la a direito universal, as revoluções do século XIX já tinham como escopo suprimi-la. Ele também sabia, como demonstraram as Revoluções Americana e Francesa e os eventos de 1830-48, quão difícil é a contenção das forças (e dos anseios) populares quando elas entram em movimento. Assim, a possibilidade de supressão da propriedade privada constituiu uma motivação social essencial para que em seus textos, em comparação a Locke (ou Rousseau), Mill demonstrasse uma aversão muito mais profunda do que estes a quaisquer propostas de transformações sociais drásticas, revolucionárias. Para ele, denotando seus preconceitos conservadores, deve-se considerar que

> o princípio que anima demasiados socialistas revolucionários é o ódio /.../ Eles desconhecem que o caos é de longe a posição mais desfavorável para se começar a construção de um Cosmos, e que muitas eras de conflito, violência e opressão tirânica dos fracos pelos fortes têm de intervir; eles não sabem que estariam lançando a humanidade no estado da natureza, descrito com tanta força por Hobbes, no

qual todo homem é inimigo de todo homem (Mill,
2001: 107).

Não às ações políticas e sociais radicais, pois,
enfatizando o privilégio da ilustração e a necessidade de
submissão a ele, Mill sustenta que "O futuro da
humanidade estará em grande risco se as grandes
questões forem deixadas para serem resolvidas pela luta
entre a mudança ignorante e a oposição ignorante à
mudança" (2001: 42). Ou ainda, numa formulação
distinta, ao tratar das características que devem
qualificar a propriedade, diz: "O objetivo deve ser o de
determinar quais instituições de propriedade seriam
estabelecidas por um legislador sem preconceitos,
absolutamente imparcial entre os possuidores de
propriedade e os não-possuidores" (Mill, 2001: 46).
Enfim, não a "luta", não a tomada de posição frente às
contradições, mas a intervenção imparcial, consciente e
esclarecida de um (ou alguns) homem(s) intelectual e
moralmente ilustre(s). Em sua empobrecida utopia
social, fortemente marcada pelo espírito do pensamento
positivista, ele ignorava que, na mesma época, Marx e
Engels demonstravam como a revolução não constitui
uma possibilidade entre outras, mas uma necessidade
para a própria "transformação em larga escala dos
homens", pois

> tal transformação só se pode operar por um
> movimento prático, por uma *revolução*; esta revolução
> é necessária, entretanto, não só por ser o único meio
> de derrubar a classe *dominante*, mas também porque
> apenas uma revolução permitirá à classe que *derruba a*
> *outra* varrer toda a podridão do velho sistema e

tornar-se capaz de fundar a sociedade sobre bases novas (Marx & Engels, 1987a: 108-9).

E, ao mesmo tempo, ao contrário dos socialistas utópicos, eles esclareciam que a transição socialista não era uma questão de consciência, um ideal a ser alcançado pelas virtudes da educação dos ilustres e, por meio dela, do "rearranjo social" que provocaria educação em massa – isto é, rearranjo espiritual em massa. Demonstravam, portanto, em sentido profundamente distinto, que

> A doutrina materialista sobre a alteração das circunstâncias e da educação [como é o caso dos socialistas utópicos] esquece que as circunstâncias são alteradas pelos homens e que o próprio educador deve ser educado. Ela deve, por isso, separar a sociedade em duas partes – uma das quais é colocada acima da sociedade
> A coincidência da modificação das circunstâncias com a atividade humana ou alteração de si próprio só pode ser apreendida e compreendida racionalmente como práxis revolucionária (Marx, 1987: 12).

Decerto, as ideias econômicas de Mill sobre as virtudes das cooperativas de trabalhadores e das perspectivas de aperfeiçoamento da sociedade capitalista (assentadas na dicotomia entre produção e distribuição) constituíram uma influência considerável de Mill sobre os socialistas reformistas, especialmente porque, ao contrário de outros liberais, ele não negava a possibilidade (teórica) de, algum dia, ocorrer a supressão da propriedade privada. "Considerávamos [ele e a esposa]", diz Mill, "que o problema social do futuro seria o de unir a maior liberdade individual de ação com a propriedade comum de todas as matérias-primas do globo e com igual participação de todos nos benefícios do trabalho comum" (Mill, 2007: 195). Para ele, o socialismo constituía uma questão (e, pode-se dizer, uma possibilidade) futura, não um dilema a ser proposto e enfrentado no presente. Mas, coerente com seus princípios liberais, as desconfianças com as quais ele cerca as ideias que visam à socialização dos meios de produção são, em linhas gerais, da mesma natureza daquelas que lançam sombras sobre a democracia: o "grau imperfeito da cultura moral" da maioria dos indivíduos. Por isso que, seja ao tratar de assuntos econômicos ou dos políticos, ele sempre faz uma explícita exaltação das "individualidades excepcionais, superiores". Como seus correligionários de antanho e da atualidade, Mill não entendia a verdadeira natureza da sociabilidade humana, tendo findado seus dias com pensamentos orientados pela convicção de que "O que os homens pensam determina-lhes a maneira de agir" (Mill, 1964: 14).

Considerações Finais

Por sua formação ideológico-cultural, Stuart Mill assumiu plenamente a teorização liberal do poder político, e, mesmo sendo apologista do sufrágio universal, rejeitou a irrestrita participação popular em seus processos e instâncias de deliberação. Em sua crença conciliatória, como economista e pensador social, aprimorou os argumentos que visam fornecer legitimidade à propriedade privada e, com isso, desestimular quaisquer ações políticas que tenham por finalidade sua supressão. Por fim, em seu esforço por manter certa retidão moral, ele engrossou (contraditoriamente) o coro da crítica socialista às mazelas da sociedade burguesa[61]. Mas, ao invés de ações *radicais*[62], considerando viver num momento em que o "atual estágio dos aperfeiçoamentos humanos" ainda não proporcionava a todos a elevação moral para o convívio sob a égide da propriedade comunal, Mill proclamou, *à la* Kant, o imperativo categórico de que "o princípio da propriedade privada" seja tentado "com honestidade" (Mill, 2001: 187). Criticou, assim, veementemente as ideias e práticas revolucionárias, advogando em nome do reformismo gradual e pelo alto – isto é, conduzido por indivíduos selecionados. Igualmente, além de ter contribuído para a moralização do lucro – e, com isto,

---

[61] Não é desprovida de motivos que Ellen Meiksins Wood considera que "John Stuart Mill talvez seja o mais extremado exemplo das contradições que formaram o liberalismo do século XIX" (Wood, 2003: 196).

[62] Não confundir com ações extremadas, intempestivas, mas, literalmente, ações que vão à raiz dos dilemas enfrentados.

para subsidiar a legitimidade – do capitalista, corroborando preceitos dos economistas vulgares, ele fez o mesmo com a própria resolução das mazelas do mundo burguês, concorrendo para deslocar política e conceitualmente a luta de classes – e, com ela, a propriedade privada – da centralidade da dinâmica das relações sociais. Em razão disso, desestimulou a plena participação política (intra e extraparlamentar) das massas populares, mistificando o caminho da resolução dos problemas que as assolam e auxiliando na (re)composição da hegemonia burguesa. Outrossim, ao promover a ideia de que as ações radicais centradas na luta de classes e que objetivavam a reestruturação radical da produção deveriam ser descartadas, pois "as leis e as condições da produção têm o caráter de verdades físicas", ele incentivou o movimento socialista a centrar suas ações na esfera econômica mais superficial – isto é, na (re)distribuição da riqueza –, visto que, para ele, esta "é exclusivamente uma questão de instituições humanas" – portanto, de *vontade* (política, ético-moral etc.).

Com Mill, o liberalismo *consolidou-se* como "uma doutrina que começara por ser um método de emancipação da classe média [e] converteu-se, depois de 1789, num método para disciplinar a classe trabalhadora" (Laski, 1973: 149). Suas ideias foram de tal importância que, até a Primeira Guerra Mundial, o "socialismo inglês típico era fabiano[63], um corpo de doutrina em que a

---

[63] Sociedade Fabiana: organização reformista inglesa fundada em 1884, cujo nome vem do chefe militar romano Fábio Máximo (século III antes da nossa era), alcunhado «Cunctator» (o «Contemporizador») pela sua tática de expectativa, evitando os

influência das ideias de John Stuart Mill foi muito mais profunda do que a de Marx" (Laski, 1973: 174). Assim, dentre outros motivos, elas são dignas de atenção não apenas porque influenciaram o movimento socialista, mas porque o fizeram de maneira profunda no mais clássico dos países pioneiros no desenvolvimento industrial capitalista.

Por fim, é importante assinalar que, em momentos de crise econômico-social aguda, esta cantilena secular de conciliação torna-se uma encantadora melodia aos ouvidos de muitos[64], sobretudo daqueles que, buscando perfilhar-se ao lado das classes trabalhadoras, se esquecem da crítica devastadora feita a ela no próprio século XIX e, pior, de suas nefastas

---

combates decisivos na guerra com Aníbal. A Sociedade Fabiana compunha-se principalmente de intelectuais burgueses: cientistas, escritores, políticos (tais como Sidney e Beatrice Webb, Bernard Shaw, R. MacDonald e outros); negavam a necessidade da luta de classe do proletariado e da revolução socialista, assegurando que a transição do capitalismo para o socialismo só era possível pela via das pequenas reformas e mudanças paulatinas na sociedade. V. I. Lenin definiu a corrente fabiana como «uma tendência do oportunismo extremo». Em 1900 a Sociedade Fabiana ingressou no Partido Trabalhista (Dicionário Político. *Marxists Internet Archive*. In: «http://www.marxists.org/portugues/dicionario/verbetes/s/sociedad e_fabiana.htm»).

[64] Segue-se, aqui, dentre muitos possíveis, um exemplo típico da influência desorientadora causada por estas ideias: "A economia solidária é outro modo de produção, cujos princípios básicos são a propriedade coletiva ou associada do capital e o direito à liberdade individual. A aplicação desses princípios une todos os que produzem numa única classe de trabalhadores que são possuidores de capital por igual em cada cooperativa ou sociedade econômica" (Singer, 2002: 10). Nessa pequena formulação, encontramos os mesmos elementos centrais presentes nas ideias de Mill: ecletismo, idealismo, resignação etc. Para uma crítica consistente a estas propostas de composição entre opostos, veja, de Ernst Mandel, *Socialismo e mercado*. São Paulo: Ensaio, 1995.

consequências no século XX – as quais, diga-se, ainda nos dias de hoje, causam imensa desorientação entre aqueles que clamam e lutam pela emancipação humana (*cf.* Mészáros, 2002: 517-602). São os mesmos que também se esquecem que "o marxismo está ainda muito jovem, quase na infância: mal começou a se desenvolver" (Sartre, 1987: 124), e que, portanto, o seu adequado entendimento e desenvolvimento é tarefa intelectual prioritária na atualidade. Para a superação disto, é importante que deixemos os mortos (e suas teorias) nos sepulcros empoeirados da história, guardando forças para revisitar o "velho bruxo", pois, de fato, este ainda tem muito a nos dizer. E o façamos não para que o morto ressuscite, mas para demonstrarmos o quanto ainda há vida em suas ideias, e, portanto, para iluminarmos nossos caminhos para o enfrentamento dos desafios presentes com a razão e o moral elevados, a fim de arrancarmos a nossa poesia do futuro (Marx). Um futuro em que, muito além da *emancipação política*, conquista mais ou menos consolidada em parcela significativa do mundo atual, os produtores coletivamente auto-organizados se apropriem dos meios de produção e, assentados sob a *propriedade comum*, façam desabrochar suas potencialidades num contexto de *emancipação humana* (Marx, 1991).

Referências Bibliográficas

Bellamy, R. *Liberalismo e sociedade moderna*. São Paulo: UNESP, 1994.

Chasin, J. Estatuto ontológico e resolução metodológica. In: Teixeira, Francisco J. S. *Pensando com Marx*. São Paulo: Ensaio, 1994.

Fischer, Ernst. *A necessidade da arte*. São Paulo: Círculo do Livro, s/d.

Engels, F. & Marx, K. *Manifesto Comunista*. São Paulo: Boitempo, 1998.

Himmelfarb, Gertrud. *On liberty and liberalism*: the case of John Stuart Mill. New York, 1974.

Hobsbawm, E. *A era das revoluções*. São Paulo: Paz e terra, 2006.

La Boétie, E. *Discurso da servidão voluntária*. 4. ed. São Paulo: Brasiliense, 2001.

Lafer, Celso. *Ensaios liberais*. São Paulo: Siciliano, 1991.

Laski, H. J. *O liberalismo europeu*. São Paulo: Mestre Jou, 1973.

Locke, J. *Segundo tratado do governo civil e outros escritos*. Petrópolis, RJ: Vozes, 1994.

Losurdo, D. *Democracia ou bonapartismo*. Rio de Janeiro/São Paulo: UFRJ/UNESP, 2004.

MacPherson, C. B. *A teoria política do individualismo possessivo*: de Hobbes a Locke. Rio de Janeiro: Paz e terra, 1979.

Marx, K. *Manuscritos econômico-filosóficos*. São Paulo: Boitempo, 2004.

_____. *O capital*. São Paulo: Nova cultural, 1985.

_____. *Para a crítica da economia política*. São Paulo: Abril cultural, 1982. (Coleção Os economistas).

_____. *A questão judaica*. 2. ed. São Paulo: Moraes, 1991.

_____. *Formações econômicas pré-capitalistas*. Rio de Janeiro: Paz e terra, 1975.

_____. Glosas críticas al artículo "El Rey de Prusia y la reforma social. Por um prusiano". *Obras fundamentales de Marx y Engels − Escritos de juventud de Carlos Marx*. México D.F., Vol.I, Fondo de Cultura Económica, 1987.

_____. *Salário, preço e lucro*. São Paulo: Abril cultural, 1982. (Coleção Os economistas).

_____. Trabalho assalariado e capital. In: *Karl Marx & Friedrich Engels*: obras escolhidas, vol. 1. São Paulo: Alfa-ômega, s/d.

Merquior, José G. *O liberalismo antigo e moderno*. Rio de Janeiro: Nova Fronteira, 1991.

Mill, John S. *Capítulos sobre o socialismo*. São Paulo: Fundação Perseu Abramo, 2001.

_____. *Princípios de economia política*, Vol. I e II. São Paulo: Abril cultural, 1983. (Coleção Os economistas).

_____. *Sobre a liberdade*. 2. ed. Petrópolis, RJ: Vozes, 1991.

_____. *Autobiografia*. São Paulo: Iluminuras, 2007.

_____. *A sujeição das mulheres*. São Paulo: Escala, 2006.

_____. *Governo representativo*. São Paulo: Ibrasa, 1964 (Clássicos da democracia, 19).

Ribeiro, R. J. Hobbes: o medo e a esperança. In: Weffort, F. (org.). *Os clássicos da política*, vol. 1. São Paulo: Ática, 2001.

Rousseau, J. J. *Discurso sobre economia política*. s./l. Librodot, s/d.

_____. *Discurso sobre a origem e os fundamentos da desigualdade entre os homens*. São Paulo: Abril cultural, 1988. (Coleção Os pensadores).

Sartre, J. P. *Questão de método*. São Paulo: Nova cultural, 1987 (Coleção Os pensadores).

Simões, Mauro C. *John Stuart Mill e a liberdade*. Rio de Janeiro: Zahar, 2008.

Singer, Paul. *Introdução à economia solidária*. São Paulo: Fundação Perseu Abramo, 2002.

Talmon, J. L. *Romantismo e revolta*: Europa (1815-1848). Lisboa: Editorial Verbo, s/d.

Wood, E. *Democracia contra o capitalismo*: a renovação do materialismo histórico. São Paulo: Boitempo, 2003.

RONALDO GASPAR

SOBRE O AUTOR

Ronaldo Gaspar é professor de Ciência Política da
Universidade Estadual de Londrina (UEL).